本当にスコアが上がる
厳選問題165問

TOEIC® L&R TEST 英文法

TARGET 600

600

成重 寿
Narishige Hisashi

Jリサーチ出版

はじめに

▶ Part 5 を制する者が、リーディングを制する！

　本書は TOEIC L&R TEST の Part 5 を短期間で攻略するために作成されたものです。Part 5 は文法と単語の問題で構成されていて、本書のタイトルは文法としていますが、現在の傾向に従って、すべての種類の問題を収録しています。

　Part 5 はリーディングセクションの最初の30問であり、このパートをいかに正確にすばやく解くかが、リーディングセクション全体の出来に直結します。 また、Part 5 は書き言葉の英語になっていて、リーディングセクションによく出る単語や表現が詰め込まれています。いわば、リーディングセクションの縮図です。そういう意味でも、Part 5 の攻略はきわめて重要と言えるのです。

▶ 8日間で Part 5 のすべてが体験できる

　本書は8日で完成できるスケジュールになっています。最初の5日は問題の種別に整理されていて、それぞれのタイプの問題をどのように攻略するかを詳しく解説しています。DAY 1 〜 DAY 5 は代表的な問題を15問ずつ練習します。

　DAY 6 〜 DAY 8 は実戦練習の3日間で、本番と同じようにランダムに並べた30問を解答する練習をします。

本書では、さまざまなパターンの問題をできるかぎり幅広く収録しているので、特に初級の学習者はPart 5の問題範囲とその攻略法をしっかり身につけることができます。中級の方も頭の整理をして、解答スピードをあげるのに役立つものと思います。

▶ 考えるプロセスを再現した解説がわかりやすい

　問題の解説では、実際の問題を前にしてどう対処するかという「考えるプロセス」を重視して、正解を導く過程をできるかぎり具体的に示しました。また、誤答選択肢についても「なぜダメなのか」という点を示しています。

　本書は一度だけ解いて終わりにするのではなく、解説をよく読んで、二度、三度とトライしてみてください。直前対策に利用する方は8日間のスケジュールで、時間に余裕のある方は他の学習と並行してご自分のスケジュールで進めていただければと思います。

　この本が読者のみなさんのTOEICのスコアアップに少しでも貢献できるなら、著者としてこれほど嬉しいことはありません。

　　　　　　　　　　　　　　　　　　　　　　　　　著者

TOEIC® L&R TEST 英文法 TARGET 600

CONTENTS

はじめに ……………………………………………………………… 2
Part 5 を攻略する4つのポイント ………………………………… 6
本書の利用法 ………………………………………………………… 8
本書で使われる文法用語・略号 ………………………………… 10

さまざまな問題パターンを経験しよう！

DAY 1　文法問題
品詞の識別（15問） ……………………………… 11
[問題形式] 同じ語幹の「動詞（変化形）」「形容詞」「副詞」「名詞」が選択肢に並ぶ

DAY 2　文法問題
動詞の形（15問） ……………………………… 43
[問題形式] 同じ動詞のさまざまな変化形が選択肢に並ぶ

DAY 3　単語問題
動詞・形容詞・名詞（15問） ……………………… 75
[問題形式] 同じ品詞のさまざまな単語が選択肢に並ぶ

DAY 4	**単語問題**

接続詞・前置詞・副詞（15問）……………107

[問題形式] 同じ品詞のさまざまな単語が選択肢に並ぶ／
接続詞・前置詞・副詞が混在する

DAY 5	**文法・単語問題**

代名詞・関係詞・
比較・イディオム（15問）………………139

[問題形式] 基本的な文法知識が問われる／
さまざまなイディオムが選択肢に並ぶ

本番と同じようにトライしよう！

DAY 6	**実戦練習 No.1**（30問）………………………171

DAY 7	**実戦練習 No.2**（30問）………………………203

DAY 8	**実戦練習 No.3**（30問）………………………235

覚えておきたい Part 5 の必須単語100……………………267

Part 5を攻略する4つのポイント

Part 5は合計30問の短文空所補充形式のパートです。時間が勝負のリーディングセクションの最初にあって、正確にすばやく解くことが求められます。

解答のステップ

Part 5の問題をスピーディーに処理するには3つのステップを踏むのが効果的です。

> ステップ①　選択肢の並びと空欄の位置を見て、出題の意図を知る
> 　　▽
> ステップ②　空所の役割をつかむ、文意をつかむ
> 　　▽
> ステップ③　適切な選択肢を決める

4つの選択肢の並びを見れば、何が問われているのかがわかります。大きく分けると「文法問題」と「単語問題」です。

文法問題というのは、「品詞の識別」「動詞の形」「代名詞」「比較」などの問題です。これらの問題の多くは空所がどんな役割をするかがわかれば解けます。「動詞の形」は時制や態も検討する必要があります。

単語問題は問題全体を読んで文意をつかむのが基本です。中には、単語の前後の要素だけを見て解ける問題もあります。

問題パターンに慣れる

文法問題のパターンは限りがあります。ですので、一定のパターンの問題を消化すれば、あとは類似問題に対応するだけで済みます。文法問題が苦手な人は、基本パターンをしっかり覚えておくといいでしょう。

単語問題にはこうしたパターンはなく、無数の問題がつくれるわけですが、Part 5にはよく出る単語があります。それはビジネスシーンでよく使う単語や、日常的に常用する基本語です。どのレベルの単語が出るかは実際の問題

に当たりながら経験を積んでいきましょう。また、単語問題には、「文脈・ロジック」「他の単語との相性」「定型表現」など目の付け所があります。

3 単語力をつけておく

　Part 5はリーディングセクション全体の縮図のようなパートであり、Part 5の問題文をスムーズに読めるなら、Part 6やPart 7もスムーズに進められます。そして、スムーズに読むための基盤になるのは何と言っても単語力です。

　Part 5の文法系の問題は知らない単語があっても対応できますが、やはり知らない単語がないほうが正確さやスピードは上がります。

　ビギナーや初級者の方にはPart 5の問題を解いたら、知らない単語をすべて覚えてしまうくらいのつもりで復習をしておくことをお勧めします。**Part 5に出るような単語はPart 6やPart 7にも出てきます。Part 5の単語を攻略することによって、リーディングセクション全体の語彙対策ができるのです。**

4 時間配分

　時間配分はリーディングセクション全体の中で考える必要があります。

　理想的な時間配分はPart 5＝1問20秒で、Part 5を10分で終えることです。そうすれば、Part 6と7に65分を残せて、完答ペースで進められます。

　600点をめざす人はPart 5は1問30秒で、15分以内で処理することをめざしましょう。その場合、Part 6と7に残せる時間は60分です。そのうえで、Part 5＝10分に少しでも近づけるようにスピードを上げていきましょう。

　ただし、最初はスピードより、正確さが大切。まずしっかり解けるようにすることです。

　時間を短縮するには、解けそうにない問題をいさぎよくあきらめることが大切です。単語問題は知っているかどうかで成否が決まります。知らない単語が並んでいる選択肢の問題を長考するのは時間の無駄以外のなにものでもありません。適当にマークして次に進みましょう。

本書の利用法

❶ スケジュール

DAY 1 〜 DAY 8 を表示します。「8日間完成」は最短のスケジュールです。時間のある方は、ご自分のスケジュールで進めてください。

❷ 目標タイム

600点をめざす人はまず1問＝30秒を目標としましょう。600点以上の人は1問＝20秒に近づけてください。

❸ 問題

TOEICのPart 5の問題を出題します。文法問題と単語問題で構成されています。

❹ 単語の意味

問題文中で初級者には難しいと思われる単語の意味を紹介しています。問題文を読んでわからない場合に参照してください。

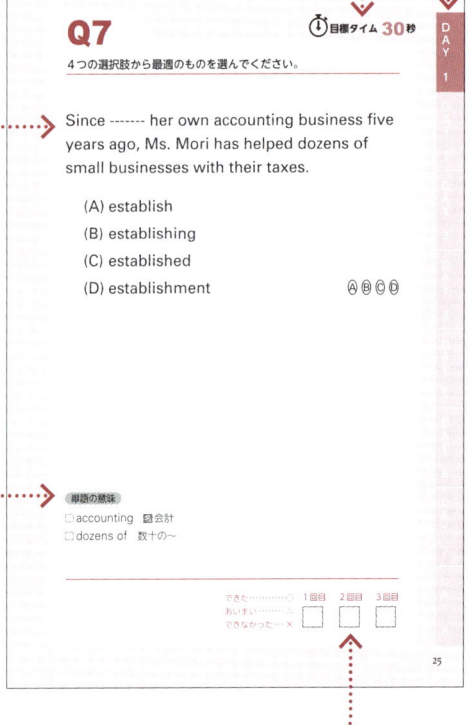

❺ チェック欄

できたかどうかをチェックしておきましょう。3回チェックできます。

この本は、8日間でPart 5を攻略することを目的に作成されたものです。DAY 1～5は問題の種類別にしっかり学習、DAY 6～8はランダムな出題で実戦練習をします。

❻ 正解・難易度・問題パターン

難易度は★～★★★の3段階です。「問題パターン」でポイントがひと目でわかります。

Q7 正解 ─────────── 難易度 ★★☆

問題パターン 前置詞の後→動名詞

ステップ1
この文はカンマで2つに分かれていて、後半が〈SVO〉の完成された文になっています。前半は since で始まる付加的な要素です。

ステップ2
また、since の後には主語・述語の要素がないので、この since は前置詞と考えられ、空所には名詞の要素が入らないといけません。ここから、動詞原形の (A) と過去・過去分詞の (C) を外せます。

ステップ3
空所には名詞の要素が必要ですが、後ろに **her own accounting business** が続くため、名詞でありながら動詞の機能も兼ねる動名詞が必要になります。**(B) establishing が正解です。**
純粋な名詞である (D) establishment を入れると、後ろの言葉につながりません。

問題・選択肢
モリ氏は5年前に自分の会計事務所を開設して以来、数十社の小企業を税務で支援してきた。

(A) establish ……動詞原形（開設する）
(B) establishing ……動名詞（開設すること）
(C) established ……過去（開設した）・過去分詞（開設された）
(D) establishment ……名詞（開設）

QUICK CHECK 動名詞の役割

動名詞は〈動詞ing〉の形です。現在分詞と同じ形ですが、動名詞は名詞として機能し、現在分詞は形容詞として機能します。また、動名詞が普通の名詞と違うところは、名詞でありながら動詞の機能も残しているところです。つまり、他動詞であれば目的語を続けることができるのです。目的語が続けられる・続けられないは、動名詞か名詞かを選ぶポイントになります。

---

❼ 解答プロセス

解答プロセスは3つのステップで示しています。誤答選択肢が「なぜダメか」も紹介します。
※選択肢の並びは必要なもののみ指摘しています。

❽ 問題・選択肢

問題文の訳と選択肢の情報(文法上の役割・訳語など)を示します。
※選択肢の情報は解答する上で必要なものを示しています。

❾ QUICK CHECK

DAY 1～5では、知っておきたい文法事項・語法の知識・よく出る表現などをコラムで紹介しています。

本書で使われる文法用語・略号

本書の解説でよく使う文法用語・略号を紹介します。

述語動詞： 文の根幹を担う動詞です。「だれが何をどうする」の「どうする」に当たる動詞です。

主節： 2文で構成される文で、主になる方の文です。

従節（従属節）： 2文で構成される文で、従になる方の文です。

等位接続詞： 2つの文や語句を等しく結びつける接続詞です。and、or、but など。

従位接続詞： 2つの文を主従の関係で結びつける接続詞です。when、though、because など。

文の要素： 「主語 S」「述語動詞（動詞）V」「目的語 O」「補語 C」が基本の要素で、それ以外は「付属の要素（部分）」「修飾語」としています。

5つの文型： 第1文型〈S V〉　第2文型〈S V C〉
第3文型〈S V O〉　第4文型〈S V O O〉
第5文型〈S V O C〉

代名詞： 人称代名詞（we、her など）、指示代名詞（this、those など）、関係代名詞（which、that など）などがあります。

不定代名詞： 不特定の人やモノを指すのに使う代名詞のことです。one、some、any、each など。

関係詞： 関係代名詞と関係副詞を含んだ総称です。

複合関係詞： 〈関係詞 ever〉の形のものです。
例えば、whatever。

●「単語の意味」の略号

他 他動詞　　自 自動詞　　形 形容詞　　副 副詞
名 名詞　　　接 接続詞　　前 前置詞

TARGET 600

DAY 1

文法問題
品詞の識別

15問

……「品詞の識別」問題の攻略法 ……

問題形式

　品詞の識別問題は同じ語幹の「動詞」「形容詞」「副詞」「名詞」が選択肢に並ぶ問題です。主に派生語から構成され、動詞は変化形も含まれます。

解き方

　この問題を解くには、空所が文の中でどんな役割をもっているかを考えるのが基本です。例えば、空所が述語動詞であれば動詞を選びます。主語や目的語、前置詞に続く要素なら名詞です。補語になっているなら名詞か形容詞です。こんなふうに、空所の役割を考えて、正解を絞っていきます。

Q1

目標タイム 30秒

4つの選択肢から最適のものを選んでください。

Mr. Marguiles has a meeting with a ------- customer at eleven o'clock.

(A) prospect
(B) prospects
(C) prospective
(D) prospectively

Ⓐ Ⓑ Ⓒ Ⓓ

単語の意味

□ customer 名 顧客

Q1 正解 (C) ──────────── 難易度 ★☆☆

問題パターン 冠詞と名詞の間→形容詞

ステップ1
空所の位置は、with a ------- customer です。

ステップ2
冠詞の後ろで、名詞の前。この2語の間に入るのは形容詞または名詞です。したがって、まず副詞の (D) を外せます。

ステップ3
選択肢で形容詞は (C) のみです。prospective は「見込みのある」の意味で、customer（顧客）ときれいにつながるので、これが正解です。
〈名詞＋名詞〉の可能性もありますが、prospect customer や prospects customer では意味をなしません。したがって、(A) や (B) は誤りです。

問題・選択肢
マルギレスさんは、11時に見込みのある客と会合を持つ。

(A) prospect 　……名詞（見込み）・動詞原形（探し求める）
(B) prospects 　……名詞（見込み）・動詞三単現（探し求める）
(C) prospective 　……形容詞（見込みのある）
(D) prospectively 　……副詞（先を見越して）

品詞の語尾

多くの品詞は語尾で識別できます。基本の語尾は次の通りです。
（名詞）　 -tion -sion -ment -nce -ity -ship -ness -th -cy
（動詞）　 -en -fy -ize -ate -ish
（形容詞）　-(a)ble -al -ful -ent -ic -ive -ous -like
（副詞）　 -ly ＊orderly, timely など形容詞もあるので注意。

Q2

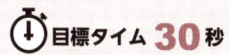

4つの選択肢から最適のものを選んでください。

Employees must follow safety ------- at all times while on the factory floor.

(A) regulate
(B) regulated
(C) regulations
(D) regulatory

単語の意味

□ factory floor　工場の現場

Q2 正解 (C) ──────────────── 難易度 ★☆☆

問題パターン 名詞の連語

ステップ1
この文にはすでに must follow という述語動詞があります。動詞が重複して入ることはないので、まず動詞原形の (A) を外せます。(B) regulated は過去形としては不可ですが、過去分詞の可能性があります。

ステップ2
次に目的語について考えると、safety が単独で目的語になるか、safety ------ が目的語になるか2通り想定できます。ところが、safety を単独の目的語と考えると「安全に従う」と表現としてぎこちないです。過去分詞の (B) や形容詞の (D) を付けても、safety が目的語であることは変わりません。よって、どちらも誤りです。

ステップ3
名詞の (C) regulations（規則）を入れると、「安全規則に従う」と文意が通るようになります。これが正解です。

問題・選択肢
社員は工場現場にいるときはいつも、安全<u>規則</u>に従わなければならない。

(A) regulate ……動詞原形（規制する）
(B) regulated ……過去（規制した）・過去分詞（規制された）
(C) regulations ……名詞（規則）
(D) regulatory ……形容詞（規制する）

〈名詞＋名詞〉の表現

名詞の前後の空所に名詞が入る可能性もあります。〈名詞＋名詞〉でまとまった意味となる複合語がたくさんあるので、解答の際にはその可能性をいつも考えるようにしましょう。company policies（会社の方針）、employee lounge（社員休憩室）、holiday season（クリスマスシーズン）、garbage collection（ごみ収集）などがその例です。

Q3

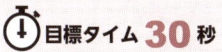

4つの選択肢から最適のものを選んでください。

A stay at New Opera Hotel ------- you in the heart of Hanoi, minutes from Hoan Kiem Lake and the Old Quarter.

(A) place
(B) places
(C) placing
(D) placement

単語の意味

□ quarter 名 地区

Q3 正解 (B) ─────────────── 難易度 ★★☆

問題パターン 述語動詞

ステップ1
空所の位置はA stay at New Opera Hotel ------ you in the heart of Hanoi, です。この文はいったんカンマで切れて、後には修飾語の要素が続いています。

ステップ2
カンマの前が文になるはずで、そうするとこの文には述語動詞がないので、空所には動詞が入ります。 まず、述語動詞になれない ing 形の (C) placing と名詞の (D) placement を外せます。

ステップ3
動詞の形なのは (A) place と (B) places ですが、この文の主語は A stay と単数なので、動詞は三人称単数の s が付いていないといけません。 したがって、(B) が正解になります。

問題・選択肢
ニューオペラホテルに滞在すれば、ハノイの中心に身を置けて、ホアンキエム湖や旧市街へも数分の距離です。

(A) place ……動詞原形（置く）・名詞（場所）
(B) places ……動詞三単現（置く）・名詞（場所）
(C) placing ……現在分詞（置く）・動名詞（置くこと）
(D) placement ……名詞（配置）

述語動詞の役割

　述語動詞は文のかなめの要素で、〈S V〉〈S V C〉〈S V O〉〈S V O O〉〈S V O C〉の5つの文型をつくります。このVに当たる要素が空所であれば、適当な動詞の形を選べばいいことになります。述語動詞は（接続詞でつながっていないかぎり）原則として1文に1つです。

Q4

4つの選択肢から最適のものを選んでください。

Leivelle Furniture's best designs ------- combine traditional materials with modern construction methods.

(A) success
(B) successful
(C) successfully
(D) successor

単語の意味

□ combine 他 結びつける
□ method 名 手法；手段

Q4 正解 (C)  難易度 ★★☆

問題パターン 直後の動詞を修飾→副詞

ステップ1
この文は、Leivelle Furniture's best designs が主語、combine が述語動詞、traditional materials が目的語と、要素がすべて揃った〈Ｓ Ｖ Ｏ〉の文です。

ステップ2
空所には修飾語の要素が必要で、述語動詞の前であることからも副詞が入ると考えられます。

ステップ3
選択肢で副詞は **(C) successfully**（うまく；成功裡に）です。

問題・選択肢
レイヴェル・ファーニチャーの最良のデザインは、伝統的な素材を現代的な組み立て手法とうまく結びつけている。

(A) success　……名詞（成功）
(B) successful　……形容詞（成功して）
(C) successfully　……副詞（うまく；成功裡に）
(D) successor　……名詞（後継者）

 副詞の役割

　文をその構造から分析するときには、ＳＶＯＣを主要素と考えましょう。それ以外は修飾語と考えるとわかりやすいでしょう。副詞はこの修飾語の代表的なものです。

　もう一つ注意しておきたいのは、英語の副詞はその位置が比較的柔軟であることです。「文頭」「文尾」「助動詞の後・一般動詞の前」「文の主要素の後・前置詞句の前」「修飾する言葉の直前」など、さまざまな位置に置けることを知っておきましょう。ただし、どの位置に置けるかは副詞の種類によって決まっているものもあります。

・頻度を表す always、often、sometimes など　→　一般動詞の前
・強調する just、even など　→　修飾する言葉の直前

Q5

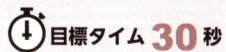

4つの選択肢から最適のものを選んでください。

Young people are increasingly ------- on freelance work for their income.

(A) rely
(B) relied
(C) reliant
(D) reliantly

Ⓐ Ⓑ Ⓒ Ⓓ

単語の意味

□ increasingly 副 ますます

Q5 正解 (C) ——————————————— 難易度 ★★☆

問題パターン be動詞に続く→形容詞

ステップ1
この文は、Young people are increasingly ------ が〈S V C〉と考えられ、空所にはCに当たる言葉が入ります。

ステップ2
空所の直前に increasingly という副詞があることから、空所にはこの副詞が修飾するもの、つまり形容詞（分詞を含む）が入るはずです。ここから、まず動詞原形の (A) と副詞の (D) を外せます。

ステップ3
過去分詞の (B) と形容詞の (C) が候補として残りますが、**過去分詞の relied では、「若い人たちはフリーランスの仕事に頼られた」と意味をなしません。よって、(B) は誤りで、形容詞の (C) reliant（頼りにする）が正解になります。**

問題・選択肢
若い人たちはますます、収入を得るのにフリーランスの仕事に頼るようになっている。

(A) rely   ……動詞原形（頼る）
(B) relied   ……過去分詞（頼られた）
(C) reliant ……形容詞（頼りにする）
(D) reliantly ……副詞（頼りにして）

形容詞の役割

　形容詞の役割は「名詞を修飾する」「補語Cになる」の2つです。
名詞を修飾する場合は〈形容詞＋名詞〉または〈名詞＋形容詞～〉の形を取ります。
　補語になる場合は〈be動詞＋形容詞〉のほかに、keep や remain など〈一般動詞＋形容詞〉もあり、また〈S V O C〉のCの部分に形容詞がくることもあります。I'll make you happy. などがその例です。

Q6

4つの選択肢から最適のものを選んでください。

Two prototypes of the X5 price scanner were recently ------- to an independent laboratory for testing.

(A) submits
(B) submitting
(C) submitted
(D) submission

単語の意味

□ prototype 名試作品
□ independent 形独立した

Q6 正解 (C) ──────────────── 難易度 ★★☆

問題パターン be 動詞に続く・受け身→過去分詞

ステップ1
この文の構造は、Two prototypes of the X5 price scanner が少し長い主語です。were は述語動詞なので、空所は補語か、現在分詞がきて進行形か、過去分詞がきて受動態をつくるか、3様に考える必要があります。いずれにせよ、動詞の (A) を外せます。

ステップ2
名詞の (D) submission は「提出物」の意味でも使いますが、主語が prototypes と複数なのに単数であるのがおかしく、また空所が名詞だと副詞の recently が浮いてしまいます。よって、不可です。

ステップ3
残るは現在分詞か過去分詞かですが、主語は「試作品」なので、それが能動的に提出するのはおかしいので、過去分詞を選択して受動態にする必要があります。 (C) submitted を選べば「試作品が提出された」となり、to 以下の「独立系の研究所に」にもうまくつながります。

問題・選択肢
X5 価格スキャナーの2つの試作品は最近、テストのために独立系の研究所に<u>提出された</u>。

(A) submits ……動詞三単現（提出する）
(B) submitting ……現在分詞（提出する）
(C) submitted ……過去分詞（提出された）
(D) submission ……名詞（提出(物)）

過去分詞の役割

過去分詞の役割は4つあります。この基本を押さえておきましょう。
① 〈**be** 過去分詞〉で受動態をつくる：The document was <u>submitted</u>.
② 〈**have** 過去分詞〉で完了形をつくる：I have already <u>finished</u> it.
③ **形容詞として名詞を修飾する**：the <u>signed</u> contract / the contract <u>signed</u> by the CEO　＊過去分詞の後に続く要素があれば、後ろから名詞を修飾します。
④ **補語になる**：I feel <u>disappointed</u>.〈S V C〉

Q7

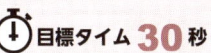

4つの選択肢から最適のものを選んでください。

Since ------- her own accounting business five years ago, Ms. Mori has helped dozens of small businesses with their taxes.

(A) establish
(B) establishing
(C) established
(D) establishment

単語の意味

□ accounting 名会計
□ dozens of 数十の〜

Q7　正解 (B) ──────────────── 難易度 ★★☆

問題パターン 前置詞の後→動名詞

ステップ1
この文はカンマで2つに分かれていて、後半が〈ＳＶＯ〉の完成された文になっています。前半は since で始まる付加的な要素です。

ステップ2
また、since の後には主語・述語の要素がないので、この since は前置詞と考えられ、空所には名詞の要素が入らないといけません。ここから、動詞原形の (A) と過去・過去分詞の (C) を外せます。

ステップ3
空所には名詞の要素が必要ですが、後ろに her own accounting business が続くため、名詞でありながら動詞の機能も兼ねる動名詞が必要になります。(B) establishing が正解です。
純粋な名詞である (D) establishment を入れると、後ろの言葉につながりません。

問題・選択肢
モリ氏は5年前に自分の会計事務所を開設して以来、数十社の小企業を税務で支援してきた。

(A) establish　……動詞原形（開設する）
(B) establishing　……動名詞（開設すること）
(C) established　……過去（開設した）・過去分詞（開設された）
(D) establishment　……名詞（開設）

動名詞の役割

　動名詞は〈動詞 ing〉の形です。現在分詞と同じ形ですが、動名詞は名詞として機能し、現在分詞は形容詞として機能します。また、動名詞が普通の名詞と違うところは、名詞でありながら動詞の機能も残しているところです。つまり、他動詞であれば目的語を続けることができるのです。目的語が続けられる・続けられないは、動名詞か名詞かを選ぶポイントになります。

Q8

4つの選択肢から最適のものを選んでください。

The result of the third quarter was quite -------, as sales increased by 18%.

(A) satisfy
(B) satisfied
(C) satisfyingly
(D) satisfactory

単語の意味

□ quarter 名四半期

Q8 正解 (D) ———————————— 難易度 ★☆☆

問題パターン 副詞＋形容詞

ステップ1

空所の位置は The result of the third quarter was quite -------, で、前半の文の補語の位置にあります。

ステップ2

quite は強調の副詞なので、形容詞（分詞を含む）が入ると考えられます。
まず、動詞原形の (A) satisfy と副詞の (C) satisfyingly を外せます。

ステップ3

形容詞は (B) satisfied と (D) satisfactory ですが、(B) satisfied は「満足している」で、主語は基本的に人でないといけません。**ここでは主語は The result of the third quarter と「第3四半期の結果」なので、(D) satisfactory（満足のいく）が正解となります。**

問題・選択肢

第3四半期の結果は、売り上げが18％伸びたので、きわめて満足のいくものだった。

(A) satisfy ……動詞原形（満足させる）
(B) satisfied ……形容詞（満足して）
(C) satisfyingly ……副詞（満足させるように）
(D) satisfactory ……形容詞（満足のいく）

 させる動詞

　satisfy は「満足させる」という意味を持つ「させる動詞」の代表です。他にも surprise（驚かせる）、amuse（楽しませる）、disappoint（失望させる）など、感情・気持ちを表す動詞が多いです。「させる動詞」は現在分詞と過去分詞の意味をしっかり見分けるようにしましょう。
・現在分詞：「モノ・事が〜させる」 satisfying（満足させる）
・過去分詞：「人が〜する」 satisfied（満足させられる→満足する）

Q9

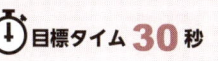

4つの選択肢から最適のものを選んでください。

The travel agency has ------- tour guides to accompany the participants on all of their tours.

(A) experience
(B) experiences
(C) experiencing
(D) experienced

単語の意味

□ accompany　他 同行する
□ participant　名 参加者

Q9 正解 (D) ──────────────── 難易度 ★★☆

問題パターン 名詞を修飾→過去分詞

ステップ1
空所の位置は has ------- tour guides で、述語動詞の後、目的語である名詞の前です。

ステップ2
この位置に動詞が重複して入ることはありません。また、名詞の experience(s) と tour guides を続けることも無理です。まず、(A) と (B) を外せます。

ステップ3
空所が tour guides にかかると考えると、現在分詞の (C) experiencing か過去分詞の (D) experienced かになりますが、現在分詞では「経験しているツアーガイド」と意味をなしません。**(D) を選べば、「経験豊富なツアーガイド」と適切な表現になります。**

問題・選択肢
その旅行代理店は、すべてのツアーで参加者に同行する経験豊かな旅行ガイドを擁している。

(A) experience ……動詞原形（経験する）・名詞（経験）
(B) experiences ……動詞三単現（経験する）・名詞（経験）
(C) experiencing ……現在分詞（経験する）
(D) experienced ……過去分詞（経験豊富な）

 現在分詞か過去分詞か

〈分詞＋名詞〉のパターンで、現在分詞か過去分詞かを選ぶ局面がよくあります。その際にポイントとなるのは名詞との関係です。現在分詞・過去分詞それぞれの意味を考えながら、名詞と組み合わせてみて、しっくりいく方を選ぶのが基本です。
・hiring（採用する）＋ committee（委員会）
 ＝ **hiring committee（採用委員会）**
・qualified（資格を与えられた→有資格の）＋ candidate（候補者）
 ＝ **qualified candidate（有資格の候補者）**

Q10

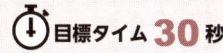

4つの選択肢から最適のものを選んでください。

Car sales in the country ------- quarter was flat despite the higher import taxes.

(A) lately
(B) late
(C) last
(D) later

単語の意味

□ flat 形 変化がない

Q10 正解 (C) ——————————————— 難易度 ★☆☆

問題パターン 形容詞＋名詞

ステップ1
空所の位置は Car sales in the country ------ quarter was flat で、主語の一部と考えられます。また直後は quarter（四半期）で、**空所はquarter を修飾する要素なので、形容詞でなければなりません。**

ステップ2
(A) lately は副詞でしか使わず、まずこれを外せます。

ステップ3
意味を考えて、(C) last（最後の；直近の）を入れると「その国の<u>直近の</u>四半期の自動車販売」となり、文意が通ります。
(B) late（後半の；遅れた）だと「後半の四半期」となりますが、どの四半期かを特定できません。(D) later（後の）では「もっと後の四半期」となり、これも四半期がいつなのかわかりません。

問題・選択肢
その国の<u>直近の</u>四半期の自動車販売は、輸入税の引き上げにもかかわらず変化がなかった。

(A) lately ……副詞（最近は）
(B) late ……形容詞（遅れた）・副詞（遅く）
(C) last ……形容詞（最後の）・副詞（最後に）
(D) later ……形容詞（後の）・副詞（後で）

まぎらわしい late 系

late、later、latest、lately、latter はまぎらわしいので注意しましょう。
- late 形遅れた；後半の 副遅く
- later 形後の 副後で
- latest 形最近の；最新の
- lately 副最近は
- latter 形後者の；後半の 名後者；後半

32

Q11

 目標タイム **30** 秒

4つの選択肢から最適のものを選んでください。

The Payne tablet computer is sold with a wireless pen tool and a ------- cover to protect the screen.

(A) removal
(B) removable
(C) removing
(D) remover

Ⓐ Ⓑ Ⓒ Ⓓ

単語の意味

□ protect 他 保護する

	できた …………○	1回目	2回目	3回目
	あいまい ………△			
	できなかった …×			

Q11 正解 (B) ———————————— 難易度 ★★☆

問題パターン 冠詞と名詞の間→形容詞

ステップ1

この文は The Payne tablet computer is sold が 〈S V〉で、with 以下の付属部分に空所があります。空所は冠詞 a と名詞の間なので、入るのは形容詞（分詞を含む）か名詞です。選択肢はどの形も可能性があるので意味を見ていくことにします。

ステップ2

名詞の (A) removal（除去；着脱）や (D) remover（除去剤）は cover（カバー）と結びついて意味のある表現をつくることができません。これらは誤りです。現在分詞の (C) removing でも「着脱するカバー」となり意味が通りません。

ステップ3

形容詞の **(B) removable** には「着脱可能な」の意味があり、「着脱可能なカバー」となり、適切な表現になります。

問題・選択肢

ペイン社のタブレットPCは、無線ペンツールと画面を保護する着脱式のカバーとともに販売されている。

(A) removal　……名詞（除去；着脱）
(B) removable　……形容詞（着脱可能な）
(C) removing　……現在分詞（除去する；着脱する）
(D) remover　……名詞（除去剤）

形容詞語尾の -able

　-able も形容詞の代表的な語尾の一つです。TOEICでもよく出る形容詞があります。どれも able（できる）の意味を含んでいます。

　probable（ありそうな；有望な）　　profitable（利益のあがる）
　reliable（信頼できる）　　　　　　suitable（ふさわしい）
　affordable（手頃な値段の）　　　　remarkable（際だった）
　durable（耐久性に富んだ）　　　　 sustainable（持続可能な）

Q12

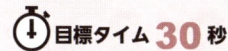

4つの選択肢から最適のものを選んでください。

Compton filters are suitable ------- for filters made by many air conditioner manufacturers.

(A) substitutes
(B) substituted
(C) substituting
(D) substitutional

単語の意味

□ manufacturer 名 製造業者

Q12 正解 (A) ─────────────── 難易度 ★★☆

問題パターン 形容詞の後・前置詞の前→名詞

ステップ1
空所の位置は Compton filters are suitable ------ for filters となっていて、〈主語・be 動詞・形容詞〉に続く要素です。

ステップ2
be 動詞の後で形容詞（分詞を含む）を連続しては使用できないので（接続詞を介する必要がある）、(B) substituted と (D) substitutional は不適です。(C) は動名詞と考えても、「適当な代用（すること）」で主語の説明になりません。

ステップ3
素直に〈形容詞＋名詞〉と考えて、**(A) substitutes（代用品）を選択すると、suitable substitutes で「適当な代用品」となり意味が通ります**。主語が複数なので、substitutes と複数であるのも正しい形です。

問題・選択肢
コンプトンのフィルターは、多くのエアコンメーカーにより作られるフィルターの適当な代用品である。

(A) substitutes ……名詞（代用品）・動詞三単現（代用する）
(B) substituted ……過去分詞（代用された）
(C) substituting ……現在分詞（代用する）；動名詞（代用すること）
(D) substitutional ……形容詞（代用の）

 動詞でも名詞でもある

substitute は動詞で「交替する」、名詞で「代替物」という動詞・名詞同形の単語で、品詞識別の問題を解くときには注意が必要です。以下、他の例です。

display（展示する；展示）　　supply（供給する；用品）
document（記録する；書類）　conduct（実施する；行為）
value（尊重する；価値）　　　issue（発行する；問題）
practice（練習する；練習）　 experience（経験する；経験）

Q13

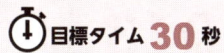

4つの選択肢から最適のものを選んでください。

Mactan Island Hotel can be reserved at ------- discounted rates during the off-peak season.

(A) substance
(B) substantiate
(C) substantial
(D) substantially

単語の意味

□ rate 名料金
□ off-peak 形オフシーズンの

Q13 正解 (D) ——————————————— 難易度 ★★☆

問題パターン 副詞＋過去分詞＋名詞

ステップ1

空所の位置は at ------- discounted rates で、前置詞 at の後ろで、過去分詞 discounted の前です。また、この discounted は名詞 rates にかかっています。

ステップ2

この位置に名詞や動詞が入ることはないので、まず (A) substance と (B) substantiate を外せます。

ステップ3

意味を考えると discounted rates は「割引された料金」なので、「割引された」を修飾する副詞の (D) substantially（大幅に）が正解となります。〈副詞＋過去分詞＋名詞〉の形です。
文法的には空所に形容詞を入れることも可能ですが、ここに (C) substantial（大幅の）を入れると、「大幅の割引された料金」とおかしな表現になってしまいます。

問題・選択肢

マクタンアイランド・ホテルは、オフシーズンの間は大幅に割引された料金で予約できる。

(A) substance ……名詞（物質；内容）
(B) substantiate ……動詞（実証する）
(C) substantial ……形容詞（かなりの；大幅な）
(D) substantially ……副詞（かなり；大幅に）

substantial

substantial は「本質的な」「しっかりした」などの意味もありますが、ＴＯＥＩＣでは数量を表現する「かなりの」の意味でよく出ます。副詞の substantially も「かなり」と数量表現で使われることが多いです。

Q14

4つの選択肢から最適のものを選んでください。

------ low-cost airlines charge additional fees for excess baggage and food and beverages served on board.

(A) Most
(B) Mostly
(C) Almost
(D) Most of

単語の意味

□ excess baggage　超過荷物
□ beverage　名 飲み物

Q14 正解 (A) ──────────────── 難易度 ★★☆

問題パターン 名詞を修飾→形容詞

ステップ1
選択肢には形容詞、副詞、名詞＋前置詞が混在しています。

ステップ2
空所の次には low-cost airlines と名詞が続いていて、これを修飾できるかどうかが取捨のポイントです。

ステップ3
(A) Most は「ほとんどの」の意味で、単独で名詞を修飾できる形容詞で、「ほとんどの格安航空会社は、超過荷物と機内で提供される食べ物や飲み物に追加料金を請求する」となるので、これが正解です。
(B) Mostly は「主として」の意味の副詞で名詞を修飾できません。(C) Almost（ほとんど）も副詞なので名詞を修飾できません。Almost all なら正解になります。(D) Most of は次に限定された名詞が必要なので、ここでは low-cost の前に the が必要です。〈most of the ～〉の形で覚えておきましょう。

問題・選択肢

ほとんどの格安航空会社は、超過荷物と機内で提供される食べ物や飲み物に追加料金を請求する。

(A) Most ……形容詞（ほとんどの）
(B) Mostly ……副詞（主として）
(C) Almost ……副詞（ほとんど）
(D) Most of ……名詞＋前置詞（～の大部分）

most

most は名詞・形容詞・副詞として使うので、まぎらわしい単語と言えます。
・名詞：「大部分；ほとんど」：most of the students（学生のほとんど）
・形容詞：「大部分の；ほとんどの」：most customers（ほとんどの顧客）
・副詞：「最も；一番」：the most famous café in town（街で一番有名なカフェ）

Q15

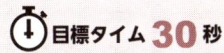

4つの選択肢から最適のものを選んでください。

The purchase price of the condominium was about 45 million yen, ------- of sales taxes and estate agency fees.

(A) include
(B) including
(C) inclusion
(D) inclusive

単語の意味

□ purchase 名 購入
□ condominium 名 分譲マンション
□ estate agency 不動産会社

Q15 正解 (D) ──────────── 難易度 ★★★

問題パターン 〈形容詞＋前置詞〉の表現

ステップ1
この文はカンマでいったん切れていて、空所は付属の要素の ------ of sales taxes and estate agency fees にあります。

ステップ2
すでに述語動詞 was があるので、ここに動詞の原形が入る余地はないので、まず (A) include を外せます。また、名詞を入れてもカンマの前にはつながらないので、(C) inclusion も不可です。

ステップ3
空所の次が前置詞 of であることに着目すれば、inclusive of で「〜を含んで」の意味になるので、形容詞の (D) inclusive が正解です。
(B) including については、現在分詞と考えれば、of がなければ正解になります。include（含む）は他動詞なので、直接目的語をとり、ここでは前置詞 of が不要です。

問題・選択肢
この分譲マンションの購入価格は、売上税と不動産会社の手数料を含めて4500万円だった。

(A) include ……動詞原形（含む）
(B) including ……現在分詞（含んで）；動名詞（含むこと）
(C) inclusion ……名詞（包含）
(D) inclusive ……形容詞（含んで）

〈形容詞＋前置詞〉の結びつき

inclusive of のように、〈形容詞＋前置詞〉の定型的な結びつきがあります。
next to （〜に隣接して）　　　　　dependent on （〜に依存して）
proficient in [at] （〜に熟達して）　prior to （〜より前に）
superior to （〜より優れて）　　　equivalent to （〜に相当する）
aware of （〜に気づいて）　　　　other than （〜以外の）

TARGET 600

DAY 2

文法問題
動詞の形

15問

……「動詞の形」問題の攻略法 ……

問題形式

　動詞の形問題は選択肢が動詞原形とその変化形で構成された問題です。変化形とは三単現 s 付き、現在分詞・動名詞、過去・過去分詞、不定詞、さらに未来の will や完了の〈have/had 過去分詞〉など、助動詞との組み合わせも含みます。

解き方

　動詞の形問題も、まず空所の文中での役割を考えることが基本です。述語動詞か分詞や不定詞か、時制・態はどれが正しいか、主語と動詞の形が一致しているか、などがチェックすべきポイントです。仮定法など特殊な文なら、その形を確認します。

Q1

4つの選択肢から最適のものを選んでください。

Special seasonal dinners served on the riverbank terraces usually ------- in late May.

(A) begin
(B) begins
(C) will begin
(D) beginning

Ⓐ Ⓑ Ⓒ Ⓓ

単語の意味

□ seasonal 形 季節の
□ riverbank 名 川岸

Q1 正解 (A) ─────────────── 難易度 ★☆☆

問題パターン 習慣的な動き→現在形

ステップ1
この文の最初の動詞 served は過去分詞で、その前の Special seasonal dinners にかかる要素です。つまり、この文には述語動詞がなく、空所には述語動詞が入ると考えられます。まず、現在分詞・動名詞の (D) beginning を外せます。

ステップ2
また、主語は Special seasonal dinners と複数なので、三人称単数の形の (B) begins も不可です。

ステップ3
副詞の usually は「通例；いつも」の意味で、習慣的な行動・動きを示します。そこで、現在形で複数の主語を受ける (A) begin が正解となります。
習慣的な行動と未来形の (C) will begin は相容れません。また、副詞 usually が will の前にくるのもおかしいので、この観点からも (C) を外せるでしょう。

問題・選択肢

川岸のテラスで提供される特別な季節料理は通例、5月下旬から始まる。

(A) begin ……原形
(B) begins ……現在形（三単現）
(C) will begin ……未来形
(D) beginning ……現在分詞・動名詞

現在形と現在進行形

　現在形は「事実・真実」「習慣的な動作・動き」「今抱いている感情・思考」を表すのに使います。一方、現在進行形は「進行中の動作・動き」を表すのに使います。日本語ではどちらも「～している」になるので、あくまで英語で考えて判断することが大切です。

Q2

4つの選択肢から最適のものを選んでください。

The design team ------- an emergency meeting yesterday to correct a steering problem with the vehicle prototype.

(A) hold
(B) holds
(C) holding
(D) held

単語の意味

□ correct 他 直す
□ steer 他 運転する
□ vehicle 名 自動車
□ prototype 名 試作品

Q2 正解 (D) ──────────────────── 難易度 ★☆☆

問題パターン 過去の言葉がある→過去形

ステップ1

文の構造を考えると、The design team が主語、an emergency meeting が目的語で、他は付属の要素です。

ステップ2

つまり、この文には述語動詞がなく、述語動詞を選ぶ必要があります。ここから現在分詞・動名詞の (C) をまず外せます。

ステップ3

次に時制を考えますが、yesterday という言葉があり、昨日＝過去のことです。したがって、過去形の (D) が正解となります。

問題・選択肢

設計チームは昨日、自動車の試作品の運転機能の問題を解決するために緊急会議を開いた。

(A) hold ……現在形（原形）
(B) holds ……現在形（三単現）
(C) holding ……現在分詞・動名詞
(D) held ……過去形

過去形と現在完了形

　過去形は「過去に行われた動作・動き」を表すのに使います。yesterday や at that time など、過去の一時点を示す言葉がマーカーになることが多いです。

　一方、現在完了形は「現在に関係している過去の動作・動き」を表すのに使います。「完了」「経験」「継続」などの種類があります。こちらも、already（完了）、once（経験）、since（継続）など、マーカーになる表現があれば簡単に見分けられます。

Q3

目標タイム **30**秒

4つの選択肢から最適のものを選んでください。

These are all 360-degree images, so ------- them with your mouse and explore Rome's best sites.

(A) click
(B) to click
(C) clicking
(D) for you to click

Ⓐ Ⓑ Ⓒ Ⓓ

単語の意味

□ degree 名 (角) 度
□ explore 他 探索する

Q3 正解 (A) ―――――――――――――― 難易度 ★★☆

問題パターン 命令文

ステップ1

空所の位置は so ------- them with your mouse and explore Rome's best sites. で、空所はカンマで切れた後半にあります。

ステップ2

so は接続詞で、ここから新しい文が始まっていると考えましょう。この後半が文であれば、文の形は命令文しか考えられません。

ステップ3

よって、原形の (A) click が正解となります。文意も「なので、マウスでクリックして、ローマの最高のスポットを探索してください」となって、適切です。
(B) と (D) の不定詞や (C) の現在分詞・動名詞では、後半が文になりません。

問題・選択肢

これらは360度全方位の画像なので、マウスでクリックして、ローマの最高のスポットを探索してください。

(A) click ……原形
(B) to click ……不定詞
(C) clicking ……現在分詞・動名詞
(D) for you to click ……for you + 不定詞

 **命令文**

　命令文は、主語がなく、動詞から始まる文です。Please がその前に付くこともあります。ビジネスでは案内や指示で、命令文を意外に多く使います。そのため Part 5 にも出ます。顧客への案内や社員への指示の文なら、命令文ではないかと考えてみましょう。

Q4

4つの選択肢から最適のものを選んでください。

Ms. Kawasaki is reviewing the draft of the contract to see if revisions or modifications -------.

(A) need
(B) are needed
(C) needing
(D) to be needed

Ⓐ Ⓑ Ⓒ Ⓓ

単語の意味

□ draft 名下書き
□ revision 名訂正
□ modification 名変更

Q4 正解 (B) ――――――――――――――― 難易度 ★★☆

問題パターン 受動態

ステップ1
空所は to see if revisions or modifications ------ と、不定詞で導かれる部分にあります。see if 〜で「〜かどうか確認する」という意味です。

ステップ2
まず if 節の態を考えると、主語は revisions and modifications（訂正と変更）なので、訂正と変更は「必要とされる」と受動態の動詞を選ぶ必要があります。 ここから、能動態の (A) need と (C) needing を外せます。

ステップ3
また、**この if 節には述語動詞がないので、空所には述語動詞の形が入らないといけません。よって、(B) are needed が正解です。**
(D) to be needed は不定詞なので不可です。

問題・選択肢

カワサキさんは、訂正や変更が必要とされるかどうかを確認するために契約書の下書きを見直している。

(A) need ……現在形（原形）
(B) are needed ……現在形（受動態）
(C) needing ……現在分詞・動名詞
(D) to be needed ……不定詞（受動態）

「態」を見極める

　動詞の形問題では「能動態」か「受動態」かの見極めも大切です。基本はごく簡単で、主語が「〜する」なら能動態、主語が「〜される」なら受動態を選ぶのが基本です。助動詞を伴ったり、現在完了や不定詞になったりと動詞はさまざまな形で使われますが、態の見極めの基本はいつも同じです。

Q5

4つの選択肢から最適のものを選んでください。

The Windsor Historical Society's public events last year raised money ------- the Town Hall building.

(A) being restored
(B) were restored
(C) to restore
(D) restored

単語の意味

□ raise money　資金調達する
□ Town Hall　町役場

Q5 正解 (C) ― 難易度 ★★☆

問題パターン 不定詞の形容詞的用法

ステップ1
この文は The Windsor Historical Society's public events last year までが主語、raised が述語動詞で、money が目的語です。つまり、この文は〈S V O〉の第3文型で、すでに文は成立しています。

ステップ2
空所には述語動詞が重複して入ることはないので、述語動詞の形の (B) をまず外せます。また、(D) は述語動詞としては不可ですが、過去分詞と考えても、money と the Town Hall building とをうまく結びつけることができません。

ステップ3
動詞の restore は「改修する」の意味で、「町庁舎を改修するための (資金)」となると不定詞の形容詞的用法を想定すれば、(C) を選べます。
(A) being restored は前後とうまくつながらず、意味も通りません。

問題・選択肢
昨年のウインザー歴史ソサエティの公共イベントは、町庁舎を改修するための資金を集めた。

(A) being restored ……現在分詞・動名詞（受動態）
(B) were restored ……過去形（受動態）
(C) to restore ……不定詞
(D) restored ……過去・過去分詞

述語動詞かそうでないか

　空所に入るのが述語動詞かそうでないかを判断するには、文の構造をつかむことが必要です。その文に述語動詞がないなら、空所には述語動詞が入ります。一方、すでに述語動詞があって文が完成しているなら、空所は付属的な要素——不定詞や分詞、動名詞などになります。

Q6

 目標タイム **30**秒

4つの選択肢から最適のものを選んでください。

All employees are required to put on safety glasses while ------- inside the factory.

(A) work
(B) working
(C) worked
(D) to work

Ⓐ Ⓑ Ⓒ Ⓓ

Q6 正解 (B) ──────────────── 難易度 ★★☆

問題パターン 接続詞＋現在分詞

ステップ1

空所の位置は while ------- inside the factory で、接続詞 while が導く付属部分にあります。

ステップ2

接続詞に動詞の原形や不定詞は続けることができないので、まず (A) work と (D) to work を外せます。

ステップ3

while は接続詞なので本来は文を導きますが、主語・be 動詞を省略した分詞の形も可能です。ここでは、主節は「社員は全員が保護メガネを着用することを求められる」と、主節の主語は「社員」なので、「働いているとき」とするために現在分詞の (B) working を選びます。

問題・選択肢

社員は全員が、工場内で働いているときには保護メガネを着用することを求められる。

(A) work ……原形
(B) working ……現在分詞
(C) worked ……過去分詞
(D) to work ……不定詞

while [when] ＋ 現在分詞

　Part 5 でよく出るパターンに〈while [when] 現在分詞〉があります。この問題に即して言えば、while they are working 〜の主語・be 動詞が省略された形と考えるとわかりやすいでしょう。なお、〈while [when] 過去分詞〉も可能です。Fasten your seatbelt while seated.（着席しているときにはシートベルトをお締めください）。seat は動詞では「着席させる」なので、受け身で「着席する」になります。

Q7

4つの選択肢から最適のものを選んでください。

The product launch appears ------- because the sales manager is out of town.

(A) to postpone
(B) being postponed
(C) having been postponed
(D) to have been postponed

単語の意味

□ launch 名発売
□ out of town 出張中で

Q7 正解 (D) ──────────────── 難易度 ★★☆

問題パターン 不定詞をとる動詞

ステップ1

空所の位置は The product launch appears ------ で、動詞の appears に続く要素です。

ステップ2

この動詞は〈**appear to do**〉（〜のようだ）の形をとるので、空所は**不定詞でないといけません**。まず、動名詞の (B) being postponed と (C) having been postponed を外せます。

ステップ3

態について考えると、主語の **The product launch**（製品販売）はモノなので「延期される」と受動態である必要があります。ここから、**不定詞で受動態の形の (D) to have been postponed が正解になります**。なお、この不定詞は完了形でもあり、文意は「製品発売は延期されたようだ」と、完了した行動を推測している文です。

問題・選択肢

販売部長が出張しているので、製品発売は延期されたようだ。

(A) to postpone　……不定詞（能動態）
(B) being postponed　……動名詞（受動態）
(C) having been postponed　……動名詞（完了・受動態）
(D) to have been postponed　……不定詞（完了・受動態）

 〈動詞＋不定詞〉

不定詞を続けられる動詞は決まっています。
appear to be（〜のようだ）　　　seem to be（〜のようだ）
tend to do（〜の傾向がある）　　intend to do（〜するつもりだ）
動名詞を続けられる動詞も決まっています。
enjoy doing（〜するのを楽しむ）　mind doing（〜するのを嫌がる）
finish doing（〜し終える）　　　　avoid doing（〜するのを避ける）

Q8

4つの選択肢から最適のものを選んでください。

Ms. Kim is recommended as the next CEO because she ------- that she can lead a large trading company.

(A) show
(B) showing
(C) has shown
(D) is shown

単語の意味

□ trading company　商社

Q8 正解 (C) ──────────────── 難易度 ★★☆

問題パターン 今までの実績→現在完了

ステップ1

空所の位置は because she ------ that she can lead a large trading company と、because で始まる従属節の中で、she と that 節の間にあります。she は代名詞の主格で主語にしかなりえないので、空所には述語動詞がこないといけません。動名詞も分詞も入る余地はないので、まず (B) showing を外せます。

ステップ2

また、she は三人称単数なので、現在形にするには動詞に s が必要で、原形のままの (A) show は不可です。受動態の (D) is shown では「彼女は示された」になり、that 以下につながりません。これも不適。

ステップ3

現在完了の **(C) has shown** を選ぶと、「**彼女は大手商社を率いることができることを示してきたので**」と今までの実績を表すことができて、主節の「**キムさんは次期CEOに推薦されている**」とうまくつながります。

問題・選択肢

キムさんは大手商社を率いることができることを示してきたので、次期CEOに推薦されている。

(A) show　……原形
(B) showing　……現在分詞・動名詞
(C) has shown　……現在完了
(D) is shown　……現在形（受動態）

 「時制」を見極める

　時制の見極めの基本は、過去、現在、未来などの言葉を問題文中に探すことです。しかし、この問題のように具体的な時制を示唆する言葉が見つからないこともあります。その場合には、文脈を理解して、時間の前後関係を推測する必要があります。

Q9

4つの選択肢から最適のものを選んでください。

By the time Ms. Ito steps down as Chariot Corporation's chairperson, the company's board of directors ------- a replacement for her.

(A) will be appointed
(B) will have appointed
(C) has been appointing
(D) is appointing

単語の意味

□ step down　（役職を）退任する
□ board of directors　取締役会
□ replacement　名後任（者）

Q9 正解 (B) ——————————————— 難易度 ★★★

問題パターン 未来完了形

ステップ1
選択肢に並ぶのは述語動詞の形だけなので、時制・態に注目して問題に当たります。

ステップ2
By the time は「〜のときまで」の意味で、前半の文は「イトウさんがチャリオット・コーポレーションの会長を退任するまでに」と「未来の一時点まで」のことを表しています。未来のことなので、現在完了進行形の (C) と現在進行形の (D) をまず外せます。

ステップ3
未来の一時点までに「指名しているだろう」とすれば意味が通るので、**未来完了形〈will have 過去分詞〉の (B) を選びます。**
この文は「取締役会が指名する」という能動の形にしないといけないので、態の観点からでも受動態の (A) を外して、(B) に絞れます。

問題・選択肢
イトウさんがチャリオット・コーポレーションの会長を退任するまでに、会社の取締役会は彼女の後任を指名しているだろう。

(A) will be appointed ……未来形（受動態）
(B) will have appointed ……未来完了形
(C) has been appointing ……現在完了進行形
(D) is appointing ……現在進行形

未来完了形

　未来完了形が使われるときには「未来の一時点まで」を表す言葉がよく一緒に使われます。前置詞の by や by the time が未来完了形と相性のいい表現です。
　この問題は「完了」の用法でしたが、未来完了形は「経験」でも使えます。
　If I visit London again, I'll have been there three times.
　（もしもう一度ロンドンに行ったら、そこに3回行ったことになる）

Q10

4つの選択肢から最適のものを選んでください。

If you fail to find your luggage on the conveyer belt, you ------- to the lost luggage office immediately.

(A) will go
(B) should go
(C) would have gone
(D) should have gone

単語の意味

☐ conveyer belt　ベルトコンベア
☐ lost luggage　遺失荷物

Q10 正解 (B) ──────────── 難易度 ★★☆

問題パターン 現在の条件

ステップ1
選択肢には〈助動詞＋動詞〉のさまざまな形が並んでいます。前半の従属節は if で始まるので、後半の主節にある空所には、if 節に対応する動詞を入れないといけません。

ステップ2
if 節の動詞は fail to と現在形になっているので、この文は現在の条件を示します。主節は〈助動詞＋動詞〉の形になるので、完了形を使っている (C) would have gone と (D) should have gone は不可です。

ステップ3
(A) will go か (B) should go かは、文意から選択します。**「もしベルトコンベアで荷物が見つからなかったら」なので、主節はアドバイスをする文と考えて (B) を選びます。** (A) will go では「自らの意志で行く」というニュアンスになり、この文の状況に合いません。

問題・選択肢

もしベルトコンベアで荷物が見つからなかったら、すぐに遺失荷物窓口に行くべきです。

(A) will go　……未来形
(B) should go　……should + 原形
(C) would have gone　……仮定法過去完了
(D) should have gone　……仮定法過去完了

 現在の条件

　現在の条件は「もし〜なら、〜してください」のように、案内・指示の文でよく使います。仮定法過去のように現在の事実と異なることを仮定するわけではなく、if 節も現在形が使われるのが特徴です。
・現在の条件：〈If S 現在形, S should/will 〜 ［命令文など］〉
・仮定法過去：〈If S 過去形, S would/could/might 〜〉

Q11

目標タイム **30**秒

4つの選択肢から最適のものを選んでください。

Kosmo Software ------- its headquarters to London last month if the company had found a suitable office there.

(A) is being moved
(B) would have moved
(C) will be moved
(D) has been moving

単語の意味

□ headquarters 名 本社

できた ……… ○ あいまい ……… △ できなかった …×	1回目	2回目	3回目

Q11 正解 (B) ──────────────── 難易度 ★★☆

問題パターン 仮定法過去完了

ステップ1
if が使われていればその文は仮定法になっていることが多く（「〜かどうか」という選択の場合もあるが）、仮定法は述語動詞を決定するので、if を見つけたらそれに続く文をチェックしましょう。

ステップ2
ここでは if 以下は「コスモ・ソフトウエアは、もし会社がそこに適当なオフィスを見つけていたなら」という意味で、過去の事実に反することを仮定しています。仮定法過去完了で、〈had + 過去分詞〉という形です。

ステップ3
仮定法過去完了の文の主節（帰結文）は〈助動詞の過去形 + have + 過去分詞〉がルールです。 したがって、この形に合った (B) が正解となります。

問題・選択肢
コスモ・ソフトウエアは、もし会社がそこに適当なオフィスを見つけていたなら、先月にはロンドンに本社を移転していただろう。

(A) is being moved ……現在進行形（受動態）
(B) would have moved ……仮定法過去完了
(C) will be moved ……未来形（受動態）
(D) has been moving ……現在完了進行形

仮定法過去完了

「仮定法過去完了」は「過去の事実に反することを仮定する」文です。「もしあのとき〜であったなら、〜となっていただろう」という意味を表します。

〈If S + had + 過去分詞, S + 助動詞の過去形 + have + 過去分詞〉の形を覚えておきましょう。TOEIC で出るときには、この形を知っていればすぐに正解を選べます。

Q12

目標タイム **30**秒

4つの選択肢から最適のものを選んでください。

We at Blue Planet ------- to announce that our flagship shop will open in downtown Tokyo on June 1.

(A) pleased
(B) are pleased
(C) will be pleasing
(D) has been pleased

Ⓐ Ⓑ Ⓒ Ⓓ

単語の意味

□ flagship 名 旗艦

Q12　正解 (B) ──────────────── 難易度 ★★☆

問題パターン　「させる動詞」の受け身

ステップ 1
この文の主語は We at Blue Planet で、これは会社を代表して We を使う決まった言い方で、「当社（私ども）ブループラネットは」の意味です。

ステップ 2
空所に入る動詞の please は「喜ばせる」という意味です。ここでは、「6月1日に東京の中心部に旗艦店をオープンすることを発表できる」のを「喜ぶ」はずです。そこで **please を受動態にして「喜ばせられる」→「喜ぶ」にする必要があります。**

ステップ 3
次に時制ですが、旗艦店のオープンは6月1日と未来で、それを今発表していると考えて、現在形の (B) are pleased を選びます。
(D) has been pleasedは、主語が We なので has が不可です。

問題・選択肢
当社ブループラネットは、6月1日に東京の中心部に旗艦店をオープンすることを発表できるのを<u>嬉しく思います</u>。

(A) pleased　……過去・過去分詞
(B) are pleased　……現在形（受動態）
(C) will be pleasing　……未来進行形
(D) has been pleased　……現在完了（受動態）

　「させる動詞」いろいろ

「～させる」の意味をもつ感情・気持ちを表す動詞の話を DAY 1 でしましたが、ここでは具体的によく出る動詞をもう少しチェックしておきましょう。

please（喜ばせる）　　　　　　excite（ワクワクさせる）
convince（納得させる）　　　　impress（感動させる）
confuse（混乱させる）　　　　 interest / intrigue（興味をわかせる）

Q13

⏱ 目標タイム **30**秒

4つの選択肢から最適のものを選んでください。

At Restaurant l'Auberge, the guests can relax in a natural lake-view setting and ------- lovely traditional French food.

(A) enjoy
(B) to enjoy
(C) enjoying
(D) have enjoyed

Ⓐ Ⓑ Ⓒ Ⓓ

単語の意味

□ setting 名環境

できた………○　1回目　2回目　3回目
あいまい……△
できなかった…×

Q13 正解 (A) ────────────────── 難易度 ★☆☆

問題パターン 〈動詞 and 動詞〉

ステップ1
この文の構造を見抜くポイントは接続詞の and です。

ステップ2
and の前後は同じ要素がくることになります。and の前は relax in a natural lake-view setting なので、and の後も relax と同じ形でないといけません。つまり、動詞の原形ということです。

ステップ3
したがって、原形の (A) enjoy が正解になります。
(D) have enjoyed では、relax と対応しないうえ、意味的にもおかしくなります。不定詞の (B) to enjoy や現在分詞・動名詞の (C) enjoying では、and の前とつながりません。

問題・選択肢
レストラン・ローベルジュでは、食事客は湖が眺められる自然の環境でくつろぎ、おいしい伝統フランス料理を楽しめる。

(A) enjoy ……原形
(B) to enjoy ……不定詞
(C) enjoying ……現在分詞・動名詞
(D) have enjoyed ……現在完了

等位接続詞と文の構造

　等位接続詞 and の前後では同じ形を並べるのが基本です。この問題では can は前後の動詞に同じようにかかり〈can V1 and V2〉の形になっています。前後が同じ形になるのは等位接続詞の or でも同様です。
　3つ以上の要素を並べる場合は、〈A, B and [or] C〉という形で、最後の要素の前に and [or] を付けます。

Q14

4つの選択肢から最適のものを選んでください。

Prior to ------- their decision, the board members have discussed the merger plan over three months.

(A) make
(B) made
(C) making
(D) being made

単語の意味

□ merger 名合併

Q14 正解 (C) ───────────── 難易度 ★☆☆

(問題パターン) 前置詞の後→動名詞

(ステップ1)
空所の位置は Prior to ------- their decision, となっています。

(ステップ2)
空所は前置詞 to の後ですが、この to は不定詞ではないので、後に続くのは動名詞でないといけません。 まず、原形の (A) make と過去・過去分詞の (B) を外せます。

(ステップ3)
次に態を考えると、この文の主語は the board members(取締役会のメンバー)で、このメンバーが「決断を下す」と考えられます。よって、空所の動名詞は能動態でなければならず、(C) making が正解になります。
(D) being made は受動態の形なので、不可です。

(問題・選択肢)
決定を下す前に、取締役会のメンバーは3カ月にわたって合併計画を話し合ってきた。

(A) make ……原形
(B) made ……過去・過去分詞
(C) making ……動名詞
(D) being made ……動名詞(受動態)

前置詞の後は動名詞がくる

　前置詞の後の動詞の形は動名詞が基本です。多くの問題にはこのルールで対処できます。しかし、to の場合は立ち止まって判断する必要があります。to 不定詞の場合があるからです。to 不定詞でないなら、動名詞を選んで大丈夫です。

　ただ、be entitled to ~(~の資格がある)のように、動詞原形でも動名詞でもOKという例外的な表現もあります。

Q15

目標タイム **30**秒

4つの選択肢から最適のものを選んでください。

If you want to let buyers ------- what your item is worth, listing on an online auction works well.

   (A) decide
   (B) decides
   (C) to decide
   (D) have decided

単語の意味

□ worth　形〜の価値がある

Q15 正解 (A) ———————————— 難易度 ★★☆

問題パターン 使役動詞〈let O do〉

ステップ1
空所の位置は If you want to let buyers ------ what your item is worth, と、if 節の中にあります。

ステップ2
let が（〜させる）という使役動詞であることに注目すると、〈**let + O + do**〉という形を想起でき、目的語は **buyers** で、それに動詞の原形が続きます。

ステップ3
よって、原形の (A) decide が正解になります。
この位置の動詞は (B) decides のように三単現の s を付けられませんし、(C) to decide のような不定詞も使えません。(D) have decided については、この文は一般的な事実を述べているので、完了形はなじみません。

問題・選択肢
あなたが買い手にあなたの商品の価値を決めてもらいたいと思うなら、オンラインオークションへの出品はうまく機能する。

(A) decide ……原形
(B) decides ……現在形（三単現）
(C) to decide ……不定詞
(D) have decided ……現在完了

使役動詞と help

　let をはじめ、make、have などの使役動詞は〈使役動詞 O do〉の形がとれて、**目的語の次の動詞は原形を使う**ことを押さえておきましょう。
　なお、get は〈get O to do〉と不定詞を使います。
　help は特殊な例で、〈help O to do〉〈help O do〉のほか、〈help do〉という形も使えます。

TARGET 600

DAY 3

単語問題
動詞・形容詞・名詞

15問

……動詞・形容詞・名詞の「単語問題」の攻略法……

問題形式

　単語問題は原則的に、選択肢には同じ品詞が並びます。例えば、形容詞なら異なったさまざまな形容詞が並ぶことになります。動詞や名詞も同様です。

解き方

　単語問題を解くには、文意を把握することが基本です。全体の文意がつかめれば、その文脈に合う選択肢を見つけ出すことができます。

　文全体を見なくても、部分だけから解ける問題もあります。動詞であれば目的語との相性、形容詞であれば形容する言葉との相性、名詞であれば動詞・形容詞との相性を考えましょう。ただ、こうした部分だけで解決する問題は多くありません。

Q1

目標タイム **30**秒

4つの選択肢から最適のものを選んでください。

Fuji Transport decided to expand its distribution center near Osaka to ------- increasing delivery demands.

(A) respond
(B) meet
(C) generate
(D) expect

Ⓐ Ⓑ Ⓒ Ⓓ

単語の意味

□ distribution 名配送

Q1　正解 (B) ──────────────── 難易度 ★★☆

問題パターン 動詞の選択

ステップ1

選択肢にはさまざまな動詞が並びます。空所は不定詞を構成していて、to ------ increasing delivery demands となっています。

ステップ2

全体の文意は「フジ運送は、高まる配送需要に〜ために大阪近郊の配送センターを拡張する決断をした」です。(C) generate（生み出す）や (D) expect（期待する）では意味が通じません。よって「応える」の意味をもつ (A) respond か (B) meet に絞れます。

ステップ3

空所には increasing delivery demands という目的語が直接続いています。つまり、空所に入るのは他動詞でないといけません。meet は他動詞なので、(B) が正解です。

respond は自動詞で、respond to としないと目的語を続けられません。

問題・選択肢

フジ運送は、高まる配送需要に応えるために大阪近郊の配送センターを拡張する決断をした。

(A) respond 　……応える
(B) meet 　……応える
(C) generate 　……生み出す
(D) expect 　……期待する

 自動詞か他動詞か

　動詞を選択するときに留意しなければならないのは、その動詞が自動詞か他動詞かです。他動詞は直接、目的語をとれますが、**自動詞は前置詞を介してでないと目的語をとれません**。重要な自動詞は前置詞と一緒に覚えておくと便利です。(☞ p.84)

Q2

4つの選択肢から最適のものを選んでください。

The new investment laws ------- foreign companies to raise their capital shares up to 100%.

(A) allow
(B) aim
(C) accept
(D) save

単語の意味

□ raise 他引き上げる
□ capital shares 出資比率

Q2 正解 (A) ──────────────── 難易度 ★☆☆

問題パターン 動詞の選択

ステップ1
選択肢にはさまざまな動詞が並び、述語動詞を選ぶ問題です。

ステップ2
文意は「新しい投資法は、外国企業が100％まで出資比率を高めることを〜」です。(A) allow(認める)、(B) aim(目標とする)、(C) accept(受け入れる)が一見するとよさそうです。

ステップ3
ポイントは to raise と不定詞が続いているところで、〈V O to do〉の形がとれないといけません。この形がとれるのは allow で〈allow O to do〉で「O が〜するのを認める」となります。(A) が正解です。
(B) aim や (C) accept は〈V O to do〉の用法がありません。

問題・選択肢

新しい投資法は、外国企業が100％まで出資比率を高めることを認める。

(A) allow ……認める
(B) aim ……目標とする
(C) accept ……受け入れる
(D) save ……節約する；救う

動詞と不定詞

不定詞と結びつく動詞の用法も要注意です。特に〈V O to do〉の形をとるものは数も限られています。以下は代表的なものです。
・permit O to do(O が〜するのを許す) ＊doing も可能。
・persuade [convince] O to do(O を説得して〜させる)
・enable O to do(O が〜するのを可能にする)
・encourage [urge] O to do(O が〜するのを勧める)

Q3

⏱ 目標タイム **30** 秒

4つの選択肢から最適のものを選んでください。

Wherely Industries, Inc., held a press conference to ------- issues regarding the recall of its Whisperclean vacuum cleaner.

(A) carry
(B) address
(C) direct
(D) follow

単語の意味

□ regarding　前 ～について
□ recall　名 回収；リコール

Q3 正解 (B) ——————————————————— 難易度 ★★☆

問題パターン 動詞の選択

ステップ1

選択肢にはさまざまな動詞が並んでいます。空所の位置は ------ issues regarding the recall of its Whisperclean vacuum cleaner です。

ステップ2

issues はいくつかの意味のある名詞ですが、文脈から「ウィスパークリーン電気掃除機の回収についての問題」です。

ステップ3

issues との相性を考えると、(B) address（扱う）がぴったりです。
(A) carry（運ぶ）、(C) direct（指示する）、(D) follow（従う）はいずれも、issues とうまく結びつきません。

問題・選択肢

フェラリー・インダストリーズ社は、ウィスパークリーン電気掃除機の回収についての問題を扱うための記者会見を開いた。

(A) carry ……運ぶ
(B) address ……扱う；取り組む
(C) direct ……指示する
(D) follow ……従う

まず目的語に注目

　動詞の単語問題では、まず空所に入る動詞と目的語の関係を考えましょう。動詞と目的語の結びつきが強い場合は、この問題のように、部分からだけで正解を導けます。もし、動詞・目的語の関係だけでは無理なら、次のステップとして全体の意味を把握すればいいのです。時間との戦いである Part 5 では、少しでも時間を節約するのが得策です。

Q4

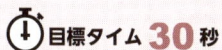

4つの選択肢から最適のものを選んでください。

Rosa Jimenez and her team are in charge of ------- for the upcoming product launch.

(A) organizing
(B) scheduling
(C) coordinating
(D) preparing

単語の意味

□ upcoming 形近く予定されている

Q4 正解 (D) ─────────────── 難易度 ★★☆

問題パターン 動詞の選択

ステップ1
選択肢にはさまざまな動名詞が並んでいます。意味だけを見れば、「近く予定されている製品発売の〜を担当している」に一見どれも当てはまりそうです。

ステップ2
ポイントは空所の次の for にあります。ここに入る動詞は for を介して目的語を導く自動詞でないといけません。

ステップ3
(D) の prepare は自動詞として使い、prepare for で「〜の準備をする」となります。これが正解です。
他の選択肢の動詞はどれも、この文脈に当てはまる意味では他動詞として使い、直接目的語を続けます。

問題・選択肢
ロサ・ヒメネスと彼女のチームは、近く予定されている製品発売の準備を担当している。

(A) organizing ……手配する
(B) scheduling ……予定する
(C) coordinating ……調整する
(D) preparing ……準備する

〈自動詞＋前置詞〉の組み合わせ

　自動詞は特定の前置詞と結びついて目的語をとれるようになります。定型的な組み合わせは熟語として覚えておくと便利です。

apply for（〜に応募する）　　approve of（〜を承認する）
depend on（〜に依存する）　　inquire about（〜について問い合わせる）
refrain from（〜を控える）　　subscribe to（〜を定期購読する）

Q5

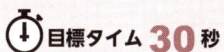

4つの選択肢から最適のものを選んでください。

Aston Components has continually ------- major automobile manufacturers with various car parts such as brakes and oil filters.

(A) given
(B) provided
(C) released
(D) offered

単語の意味

□ continually　副 継続的に
□ automobile　名 自動車

Q5 正解 (B) ──────────────── 難易度 ★★☆

問題パターン 動詞の選択

ステップ1
選択肢にはさまざまな動詞の過去分詞が並んでいます。Aston Components has continually ------- major automobile manufacturers までを見ると、どの動詞でもよさそうです。

ステップ2
ポイントは with にあり、ここでは〈V A with B〉という形をとれるものが必要になります。

ステップ3
この条件を満たすのは (B) provided だけです。この動詞は〈provide A with B〉で「AにBを提供する」の用法になります。
(A) と (D) はどちらも、〈give A B〉〈offer A B〉の形です。(C) の release（発売する）は〈release B（モノ）〉の用法しかありません。

問題・選択肢
アストン・コンポーネンツは大手自動車メーカーに、ブレーキやオイルフィルターなどのさまざまな自動車部品を継続的に供給してきた。

(A) given ……与えてきた
(B) provided ……提供してきた
(C) released ……発売してきた
(D) offered ……提供してきた

provide

provide は TOEIC 頻出の動詞の1つなので用法をしっかり覚えておきましょう。シンプルに〈provide A〉（Oを提供する）でも使いますが、Part 5 で注意したいのは、〈provide A with B〉=〈provide B for A〉（AにBを提供する）の用法です。
　また、自動詞で使う〈provide for A〉（Aを支援する）の形もあります。

Q6

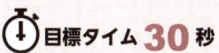

4つの選択肢から最適のものを選んでください。

The city art museum will be closed to the public until ------- notice.

(A) timely
(B) clear
(C) former
(D) further

Ⓐ Ⓑ Ⓒ Ⓓ

単語の意味

□ notice 名告知

Q6 正解 (D) ── 難易度 ★☆☆

問題パターン 形容詞の選択

ステップ1
選択肢にはさまざまな形容詞が並びます。空所の位置は until ------ notice と、前置詞 until（〜まで）の後ろで、notice（告知）を修飾しています。

ステップ2
全体の文意は「市立美術館は、〜告知があるまで一般市民には閉鎖される」で、**美術館は今閉鎖されている状態で、「〜告知」があると再開されるという意味になります。**

ステップ3
将来行われる告知と考えて、(D) further（追っての）を選びます。
(C) former（前の）では過去の告知になり、文意に合いません。(A) timely と (B) clear は notice を修飾することはできても、この文脈では意味をなしません。

問題・選択肢

市立美術館は、追っての告知があるまで一般市民には閉鎖される。

(A) timely ……タイミングのいい
(B) clear ……明快な
(C) former ……前の
(D) further ……さらなる；追っての

修飾する名詞との相性

形容詞の問題も文全体の意味を把握するのが基本ですが、中には修飾する名詞を見るだけで片づくものもあります。直後の名詞との相性を考えましょう。この問題の further notice は、〈形容詞＋名詞〉の形で常用される表現です。

Q7

4つの選択肢から最適のものを選んでください。

No ------- experience is necessary for the job positions posted on our Web site.

(A) usual
(B) prior
(C) detailed
(D) available

単語の意味

□ post 他 掲載する

Q7　正解 (B) ──────────────── 難易度 ★☆☆

問題パターン 形容詞の選択

ステップ1
選択肢にはさまざまな形容詞が並びます。空所の形容詞は experience（経験）を修飾しています。この修飾関係だけではなかなか絞りきれないと思います。

ステップ2
そこで文意を確かめると、「ウェブサイトに掲載された職位に〜の経験は必要ありません」で、求人に関する文であることがわかります。

ステップ3
「職位にどんな経験が必要ないか」を考えて、(B) prior（これまでの）を選びます。
他の選択肢では experience を修飾できても、文全体としては意味をなしません。

問題・選択肢
当社のウェブサイトに掲載された職位にこれまでの経験は必要ありません。

(A) usual　……通常の
(B) prior　……これまでの
(C) detailed　……詳細の
(D) available　……利用できる

〈形容詞＋名詞〉の定型表現

形容詞が名詞と結びついてよく使われる表現があります。
happy hour（サービスタイム）　　fiscal year（事業年度）
new recruit（新入社員）　　　　　raw materials（原材料）
general public（一般大衆）　　　　annual leave（年次休暇）
botanical garden（植物園）　　　　complimentary beverages（無料の飲み物）

Q8

⏱ 目標タイム **30** 秒

4つの選択肢から最適のものを選んでください。

All employees after serving one year are ------- to 20 days paid annual leave.

(A) responsible
(B) attempting
(C) entitled
(D) capable

Ⓐ Ⓑ Ⓒ Ⓓ

単語の意味

☐ serve 　自 勤務する
☐ paid annual leave　年次有給休暇

Q8 正解 (C) ——————————————— 難易度 ★★☆

問題パターン 形容詞の選択

ステップ1
選択肢にはさまざまな形容詞・分詞が並びます。空所は補語の位置です。

ステップ2
文意は「1年間勤めた社員はすべて、20日間の年次有給休暇を〜」です。
「1年間勤めた社員が年次有給休暇をどうするか」と考えます。

ステップ3
(C) entitled を選んで「権利がある」とすれば、文意が通ります。また、entitled は〈be entitled to 名詞／動詞原形〉という形をとることから、to に着目して選ぶことも可能です。

他の選択肢はすべて意味的に合いません。また responsible は〈be responsible for 〜〉(〜に責任がある)、capable は〈be capable of 〜〉(〜ができる)がよく使う形です。

問題・選択肢
1年間勤めた社員はすべて、20日間の年次有給休暇を取る権利がある。

(A) responsible ……責任がある
(B) attempting ……試みている
(C) entitled ……権利・資格がある
(D) capable ……できる

entitled/eligible

entitled は「権利があって」の意味で、TOEICでよく使われる形容詞です。元の動詞は entitle(権利を与える)で、それが受け身になったものです。

〈be entitled to do［名詞］〉の形を取り、to に動詞原形・名詞のどちらも続けられるのが特徴です。同様の意味を表す表現に〈be eligible for 名詞 [to do]〉があります。

Q9

目標タイム **30** 秒

4つの選択肢から最適のものを選んでください。

The discount coupon for Chang Brothers' Stationery is ------- at any of the company's branches in Hong Kong.

(A) cordial
(B) impressive
(C) separate
(D) valid

Ⓐ Ⓑ Ⓒ Ⓓ

単語の意味

□ stationery　名 文房具

Q9 正解 (D) ──────────────── 難易度 ★★☆

問題パターン 形容詞の選択

ステップ1

空所は is の後ろにあり、叙述用法の形容詞を選びます。主語は「チャン・ブラザーズ・ステーショナリーの割引クーポン」で、空所の後は「同社の香港のすべての支店で」。

ステップ2

「クーポンがすべての支店で」どうなのかを考えます。

ステップ3

(D) valid は「(書類などが) 有効な」の意味で、うまく当てはまります。
(A) cordial (友好的な) や (B) impressive (印象的な) は、店のサービスには使えても、クーポンの形容には使えません。(C) separate は、切り離して使うクーポンのイメージから連想させるひっかけの選択肢で、実際の意味は「別々の；個々の」です。

問題・選択肢

チャン・ブラザーズ・ステーショナリーの割引クーポンは、同社の香港のどの支店でも有効だ。

(A) cordial ……友好的な
(B) impressive ……印象的な
(C) separate ……別々の
(D) valid ……有効な

 valid
....

valid は TOEIC で頻出する重要形容詞のひとつです。「書類・証明書・カードなどが有効である」ことを表します。例えば、a valid passport、a valid credit card など。反意語の invalid や void も押さえておきましょう。

また、動詞は validate (立証する；認める)、名詞は validity (有効性；正当性) で、こちらも Part 5 に出ることがあります。

Q10

4つの選択肢から最適のものを選んでください。

The local radio advertising campaign for Mavis Bakery led to a ------- rise in orders.

(A) thorough
(B) spacious
(C) broad
(D) considerable

Ⓐ Ⓑ Ⓒ Ⓓ

単語の意味

□ lead to　〜という結果になる

Q10 正解 (D) ─────────────── 難易度 ★★☆

問題パターン 形容詞の選択

ステップ1
選択肢にはさまざまな形容詞が並びます。空所の位置は a ------ rise in orders です。

ステップ2
形容詞は「注文の増加」にかかっていて、どんな増加かを考えます。

ステップ3
(D) considerable は「相当な；大幅な」の意味で、これを選べば「注文の大幅な増加」となり、文意が通ります。
(A) thorough（徹底した）は数量を修飾できず、調査・努力などの行動を形容します。(B) spacious（広々とした）は部屋などの空間を修飾します。(C) broad（広い）は「空間・範囲などが幅広い」ことを意味します。

問題・選択肢

メイヴィス・ベーカリーのための地元ラジオの広告キャンペーンにより、注文は大幅な伸びを示した。

(A) thorough ……徹底した
(B) spacious ……広々とした
(C) broad ……広い
(D) considerable ……相当な；大幅な

considerable

considerable は consider（考える）の形容詞形の1つで、「数量・程度が相当な」の意味で使います。副詞の **considerably**（相当に；大幅に）もよく出ます。注意したいのは、形容詞形がもう1つあるということです。**considerate**（思いやりのある）で、意味が違うので混同しないようにしましょう。

Q11

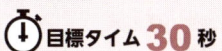

4つの選択肢から最適のものを選んでください。

The first item on the ------- is to decide whether to close our two European subsidiaries or not.

(A) quote
(B) agenda
(C) course
(D) transcript

単語の意味

□ subsidiary 名子会社

Q11 正解 (B) ──────────────── 難易度 ★★☆

問題パターン 名詞の選択

ステップ1

選択肢にはさまざまな名詞が並んでいます。空所の位置は The first item on the ------ で、主語の中にあります。

ステップ2

文意は「〜の最初の項目は、我々の2社のヨーロッパ子会社を閉鎖するかどうか決めることです」となっています。**「ヨーロッパの子会社を閉鎖するかどうかを決める」場は会議だと推測できます。**

ステップ3

(B) agenda は「議題リスト」の意味で、これを選ぶと主語の部分は「議題リストの最初の項目」となり、会議の進行を示す文になります。
(A) quote は「見積書」で、あわてて item を「商品」ととらえたときに選びそうなひっかけの選択肢です。(C) course(課程；コース)や (D) transcript(成績表)も item(項目)があっていいですが、文の後半とは結びつきません。

問題・選択肢

議題リストの最初の項目は、我々の2社のヨーロッパ子会社を閉鎖するかどうか決めることです。

(A) quote ……見積書
(B) agenda ……議題リスト
(C) course ……課程；コース
(D) transcript ……成績表

 agenda

agenda は「議題リスト (a list of items to be discussed)」のことで、個々の議題は item や topic、subject などを使います。
　on the agenda で、「議題に上がっている」という定型的な表現になります。

Q12

目標タイム 30秒

4つの選択肢から最適のものを選んでください。

You can easily check the ------- of your BN bank account with their mobile banking app.

(A) location
(B) order
(C) revenue
(D) balance

単語の意味

□ account 名 口座
□ app 名 アプリ

Q12 正解 (D) ——————————————— 難易度 ★★☆

問題パターン 名詞の選択

ステップ1
選択肢にはさまざまな名詞が並んでいます。

ステップ2
全体の文意は「お客様は、モバイルバンキング・アプリでご自分のBN銀行の口座の〜を簡単に確認できます」となっています。

ステップ3
「アプリで自分の銀行口座の何を確認するか」を考えると、(D) balance（残高）が最適です。
(B) order（注文）や (C) revenue（収入）もお金絡みですが、口座に入っているものではないので不適です。(A) location（場所）はアプリで確認するものではありますが、銀行口座の場所は探さないはずです。

問題・選択肢
お客様は、モバイルバンキング・アプリでBN銀行のご自分の口座の残高を簡単に確認できます。

(A) location ……場所
(B) order ……注文
(C) revenue ……収入
(D) balance ……残高

 balance

balance は「均衡」の意味で覚えている人も多いと思いますが、TOEICではよく「残高」の意味で使われます。
　bank balance（銀行預金残高）
　the balance due / the outstanding balance（未払い額）

100

Q13

4つの選択肢から最適のものを選んでください。

According to Mr. Adams's -------, he will arrive in Boston tomorrow at 9:15 A.M.

(A) statement
(B) outlook
(C) itinerary
(D) vacation

Q13 正解 (C) ──────────────── 難易度 ★★☆

問題パターン 名詞の選択

ステップ1
選択肢にはさまざまな名詞が並んでいます。空所の位置は According to Mr. Adams's ------ で、according to は情報の出所を示し、「アダムスさんの〜によれば」の意味です。

ステップ2
主文は「彼は明日の午前9時15分にボストンに到着する」なので、何かを参照して、アダムスさんのボストン到着のスケジュールがわかるという文脈です。

ステップ3
(C) itinerary は「旅程（表）」の意味で、これがぴったり当てはまります。(A) statement は「（銀行口座などの）明細書」で文脈に合いません。(B) outlook は「見方；見通し」の意味で、空所に入れるには漠然としすぎています。(D) vacation（休暇）は旅行という文脈から想像させるひっかけの選択肢で、「アダムスさんの休暇によれば」では意味をなしません。

問題・選択肢

アダムスさんの旅程によれば、彼は明日の午前9時15分にボストンに到着する。

(A) statement ……明細書
(B) outlook ……見方；見通し
(C) itinerary ……旅程
(D) vacation ……休暇

 書類の名詞

TOEICはビジネスがテーマのテストなので、さまざまな書類が出てきます。この問題の選択肢の statement や itinerary 以外に次のようなものが重要です。

draft（下書き）　　manuscript（原稿）　　(the) minutes（議事録）
brochure（パンフレット）　　form（書式）　　leaflet（ビラ；小冊子）
handout（配付資料）　　certificate（証明書）　　warranty（保証書）

Q14

4つの選択肢から最適のものを選んでください。

As a token of our ------- for all that you have done, we would like you to accept this small gift.

(A) apology
(B) gratitude
(C) complaint
(D) effort

単語の意味

□ token 名 しるし

Q14 正解 (B) ―――――――――――――――― 難易度 ★★☆

問題パターン 名詞の選択

ステップ1
選択肢にはさまざまな名詞が並びます。空所の前の **As a token of** は「〜のしるしとして」という表現で、of 以下には気持ち・感情の名詞が続きます。

ステップ2
また、空所の次は **for all that you have done**（あなたにしていただいたすべてのことへの）であることから、「感謝の気持ち」が入りそうです。

ステップ3
(B) gratitude（感謝）が正解になります。
仮に迷惑をかけた場合なら (A) apology（お詫び）ということになります。(C) complaint（クレーム）や (D) effort（努力）は気持ち・感情ではないので、as a token of に続けるには無理があります。

問題・選択肢
あなたにしていただいたすべてのことへの感謝のしるしとして、この小さなギフトをお受け取りください。

(A) apology　……お詫び
(B) gratitude　……感謝
(C) complaint　……クレーム
(D) effort　……努力

 as a token of

〈as a token of 気持ち〉（[気持ち] のしるしとして）はメールや告知文などでよく使われる表現です。この問題では気持ちの名詞が問われましたが、as や token が問われることもありえます。イディオムとして覚えておくといいでしょう。

Q15

4つの選択肢から最適のものを選んでください。

Amara Fernandez became the temporary ------- when the sales manager retired.

(A) recruit
(B) duty
(C) replacement
(D) opportunity

単語の意味

□ temporary 形 臨時の

Q15 正解 (C) ──────────────── 難易度 ★★☆

問題パターン 名詞の選択

ステップ1

選択肢にはさまざまな名詞が並びます。空所の位置は the temporary ------ で、temporary（臨時の）が修飾する名詞を選びます。

ステップ2

主語は Amara Fernandez で、when 以下の文意は「販売部長が退任したときに」です。

ステップ3

(C) replacement を選ぶと「Amara Fernandez が臨時の後任になった」となり文意が通ります。

(A) recruit では、「臨時の新入社員」となり、販売部長職を引き継ぐのにふさわしくありません。(B) duty（仕事）や (D) opportunity（機会）は人ではないので、Amara Fernandez がなることはできません。

問題・選択肢

アマラ・フェルナンデスは、販売部長が退任したときに臨時の後任になった。

(A) recruit ……新入社員
(B) duty ……業務
(C) replacement ……後任
(D) opportunity ……機会

 replacement
....

　replacement は人では「（職務の）後任」、機械類では「交換部品」の意味でよく使います。元の動詞は replace（取り替える）で、〈replace A with B〉（A を B に取り替える）の用法も知っておきましょう。

TARGET 600

DAY 4

単語問題
接続詞・前置詞・副詞

15問

……接続詞・前置詞・副詞の「単語問題」の攻略法……

問題形式

　同じ品詞で構成される選択肢もありますが、多くの場合、接続詞・前置詞は混在して選択肢に出てきます。また、これに副詞が加わることもあります。

解き方

　接続詞・前置詞はその区別が大切です。空所の次が〈S V〉がある文になっていれば接続詞、名詞の要素が続いているなら前置詞が正解になります。副詞には文と文の接続機能はなく、動詞など他の言葉を修飾したり、文全体を修飾したりします。

Q1

目標タイム 30秒

4つの選択肢から最適のものを選んでください。

Employees should inform their supervisors ------- they leave the office for external meetings.

(A) while
(B) when
(C) soon
(D) of

Ⓐ Ⓑ Ⓒ Ⓓ

単語の意味

□ supervisor 名 上司
□ external 形 外の

できた ………… ○   1回目 2回目 3回目
あいまい ……… △
できなかった … ×

Q1　正解 (B) ──────────────── 難易度 ★☆☆

問題パターン 接続詞の選択（時）

ステップ1
選択肢には接続詞、副詞、前置詞が混在しています。空所の位置は ------ they leave the office for external meetings で、空所には文が続いていて、入るのは接続詞です。

ステップ2
(C) soon（すぐに）は副詞で、前後をつなぐことができないので、まずこれを外せます。(D) of（〜について）は〈inform 〜 of ...〉の形を想起させるひっかけの選択肢で、前置詞なので後ろが名詞でないと使えません。

ステップ3
文意を考えると、空所の前までの前半は「社員は上司に報告すべきである」、後半は「外での会合でオフィスを出る」。オフィスを出る「とき」「前に」など、時点を表す接続詞が必要になりそうです。(B) when は「〜のとき」の意味なので、これが正解になります。
(A) while は時間の継続を表し、前半の文の一時点の行動とうまくつながりません。

問題・選択肢

外での会合でオフィスを出る<u>ときには</u>、社員は上司に報告すべきである。

(A) while 　……接続詞（〜の間）
(B) when 　……接続詞（〜のとき）
(C) soon 　……副詞（すぐに）
(D) of 　……前置詞（〜について）

接続詞か前置詞かを判断する

　接続詞・前置詞の区別は簡単です。後ろに文が続けば接続詞、後ろに名詞が続けば前置詞です。
　〈**接続詞＋S V**〉直後は主語の名詞なので、あわてて前置詞を選ばないこと。
　　　　　　　　　　しっかり文であることを確認しましょう。
　〈**前置詞＋名詞**〉名詞の代わりに動名詞がきてもOKです。

Q2

⏱ 目標タイム **30秒**

4つの選択肢から最適のものを選んでください。

Oreton hiking boots are made from a strong ------- lightweight fabric.

(A) yet
(B) or
(C) not
(D) although

Ⓐ Ⓑ Ⓒ Ⓓ

単語の意味

☐ fabric 名繊維

	できた……○	1回目	2回目	3回目
	あいまい……△			
	できなかった…×			

Q2 正解 (A) ──────────────── 難易度 ★★☆

問題パターン 接続詞の選択（逆接の等位接続詞）

ステップ1

選択肢には接続詞と副詞が混在しています。空所の位置は from a strong ------ lightweight fabric です。この部分をよく見ると、strong と lightweight の2つの形容詞がどちらも fabric を修飾していると考えられます。つまり、2つの形容詞を結びつける接続詞が必要になるということです。ここから、副詞の (C) not（〜でなく）を外せます。

ステップ2

語と語をつなぐことができるのは等位接続詞なので、文と文をつなぐ従位接続詞の (D) although を外せます。

ステップ3

2つの形容詞の意味を考えると、strong は「強い」、lightweight は「軽い」で逆方向の意味です。逆接の等位接続詞である (A) yet（〜だが〜）が正解になります。
(B) or は選択の等位接続詞なので、ここでは「強いかまたは軽い繊維」と意味が通りません。

問題・選択肢

オレトンのハイキングブーツは、強いが軽量な繊維で作られている。

(A) yet ……接続詞（〜だが〜）
(B) or ……接続詞（〜または〜）
(C) not ……副詞（〜でなく）
(D) although ……接続詞（〜だけれども）

等位接続詞と従位接続詞

　等位接続詞は2つ（以上の）文・語句を対等に結びつけるものです。〈A and B〉の形をとり、and、but、or などがあります。

　従位接続詞は2つの文を主従の関係で結びつけるものです。語句同士をつなぐことはできません。
〈When 従属節 , 主節〉〈主節 , when 従属節〉の形をとり、when、if、as、since、because、that、although、while、as soon as など、数多くあります。

Q3

目標タイム 30秒

4つの選択肢から最適のものを選んでください。

------- Ms. Murakami has less marketing experience than the other candidates, her ideas impressed the hiring committee.

(A) Since
(B) But
(C) Despite
(D) While

Ⓐ Ⓑ Ⓒ Ⓓ

単語の意味

□ impress 他 感銘を与える

Q3 正解 (D) ──────────────── 難易度 ★★☆

問題パターン 接続詞の選択（逆接の従位接続詞）

ステップ1
選択肢には接続詞と前置詞が混在しています。空所の位置は ------ Ms. Murakami has less marketing experience than the other candidates で、文が続いているので、接続詞が入ることがわかります。ここから、まず前置詞の (C) Despite を外すことができます。

ステップ2
文意は、カンマまでの前半が「ムラカミさんは他の候補者よりもマーケティングの経験が不足している」、後半は「彼女のアイデアは採用委員会に感銘を与えた」。前半と後半では逆のことを述べているので、「逆接」の接続詞が必要です。

ステップ3
(D) While は「〜であるが」と逆接の意味で使え、この文の前後半をうまくつなげます。
(A) Since は「〜なので」と理由を導くので、文脈に合いません。(B) But は等位接続詞で、従属節を主節に導く機能がありません。

問題・選択肢

ムラカミさんは他の候補者よりもマーケティングの経験が不足しているが、彼女のアイデアは採用委員会に感銘を与えた。

(A) Since ……接続詞（〜なので）
(B) But ……接続詞（しかし）
(C) Despite ……前置詞（〜にもかかわらず）
(D) While ……接続詞（〜であるが）

接続詞 while

whileは主に2つの意味で使われる接続詞です。「〜だけれども；〜であるのに対して」という「逆接・対比」と、「〜の間中ずっと；〜している間に」の「時間」です。Part 5ではどちらでも出るので、用法を確認することが大切です。

Q4

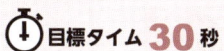

4つの選択肢から最適のものを選んでください。

Some related industries will be influenced by the huge increase ------- oil prices.

(A) about
(B) for
(C) in
(D) on

単語の意味

□ related　形 関連する

Q4 正解 (C) ──────────────── 難易度 ★★☆

問題パターン 前置詞の選択（増減）

ステップ1
選択肢にはさまざまな前置詞が並んでいます。空所の位置は the huge increase ------ oil prices です。

ステップ2
この部分は「石油価格の大幅な上昇」の意味になると考えられます。

ステップ3
in には「増減」の対象を導く用法があり、**increase in A** で「**A の上昇**」の意味になります。よって、**(C)** が正解です。ちなみに、decrease（減少）も同様の形がとれます。
他の前置詞はこの形で使うことができず、不可です。

問題・選択肢
いくつかの関連する業界が、石油価格の大幅な上昇で影響を受けるだろう。

(A) about ……前置詞（〜について）
(B) for ……前置詞（〜の間）
(C) in ……前置詞（〜の；〜における）
(D) on ……前置詞（〜の上に）

in の注意すべき用法

in は「〜に」という「場所」の用法で誰でも知っていますが、他によく使う注意すべき用法があり、TOEICでも狙われます。
「**手段**」：pay in cash（現金で支払う）
「**状況**」：be in trouble（困難に陥って）
「**形状**」：wait in line（列になって待つ）
「**職業**」：work in banking（銀行業界で働く）

Q5

# 目標タイム 30 秒

4つの選択肢から最適のものを選んでください。

A 10% discount will be applied ------- the total purchases exceed 300 dollars.

(A) unless
(B) if
(C) so that
(D) to

ⓐ ⓑ ⓒ ⓓ

単語の意味

□ exceed 他 ～を超える

Q5 正解 (B) ── 難易度 ★☆☆

問題パターン 接続詞の選択（条件）

ステップ1
選択肢には接続詞と前置詞が混在しています。空所の次は文になっているので、前置詞は入る余地はなく、まず (D) to を外せます。

ステップ2
文意を確認すると、空所までは「10%の割引が適用されます」、空所の後は「総購入費が300ドルを超える」です。

ステップ3
条件を表す (B) if（もし〜なら）を入れると前後がうまくつながります。
(A) unless（もし〜でないなら）は否定の条件を表すので、ここでは前後のつじつまが合わなくなります。(C) so that は目的や結果を表し、この文脈には合いません。

問題・選択肢
もし総購入費が300ドルを超えると、10%の割引が適用されます。

(A) unless ……接続詞（もし〜でないなら）
(B) if ……接続詞（もし〜なら）
(C) so that ……接続詞（〜のために）
(D) to ……前置詞（〜に）

 ひっかけを見抜こう

　この問題での注意点は、apply には前置詞 to を続けて使うことが多いため、そこをねらったひっかけが施されていることです。ぱっと見の字面で判断することなく、文の構造をしっかり把握しましょう。

Q6

目標タイム 30秒

4つの選択肢から最適のものを選んでください。

Please refrain ------- using cameras and mobile phones or chatting inside the museum.

(A) off
(B) from
(C) without
(D) out of

単語の意味

□ chat 　おしゃべりする

Q6 正解 (B) ——————————————————— 難易度 ★☆☆

問題パターン 前置詞の選択（動詞＋前置詞）

ステップ1
選択肢にはさまざまな前置詞が並びます。ポイントになるのは動詞のrefrainです。

ステップ2
この動詞は自動詞で、〈refrain from doing/ 名詞〉で「～を控える」の意味を表します。

ステップ3
したがって、(B) from が正解になります。この動詞・前置詞は決まった結びつきなので、他の選択肢は入る余地がありません。

問題・選択肢
美術館の中では、カメラや携帯電話の使用、おしゃべりをお控えください。

(A) off ……前置詞（～から離れて）
(B) from ……前置詞（～から免れて）
(C) without ……前置詞（～なしで）
(D) out of ……前置詞（～から）

 決まった組み合わせを覚えよう

　動詞と前置詞には決まった組み合わせがたくさんあります。Part 5 にも出るので、主要なものは動詞句として覚えておくと有効です。

rely on [upon]（～に頼る）　　　　　deal with（～を扱う）
specialize in（～を専門とする）　　　comply with（～を遵守する）
enroll in [at]（～に入学［登録］する）register for（～に登録する）
inform A of B（AにBを知らせる）　　 remind A of B（AにBを思い出させる）
compare A with B（AをBと比較する）　prefer A to B（BよりAを好む）
exchange A for B（AをBに交換する）　prevent A from doing（Aが～するのを妨げる）

Q7

目標タイム 30秒

4つの選択肢から最適のものを選んでください。

------- recently, the Northern Valley subdivision has been forested, with no access road from the city center.

(A) To
(B) However
(C) Until
(D) As of

単語の意味

□ subdivision 名 分譲地

Q7 正解 (C) ─────────────── 難易度 ★★☆

問題パターン 前置詞の選択（継続）

ステップ1

選択肢には前置詞（接続詞）と副詞が混在しています。空所の位置は ------ recently, で、冒頭の独立した要素の中にあります。

ステップ2

ポイントはこの文は現在完了形が使われていることです。「ノーザン・バレー分譲地は森に覆われ、市の中心部からの道路も通じていなかった」という意味になるので、冒頭の ------- recently, に「継続」の意味が出れば文意が通ります。

ステップ3

(C) Until は「～までずっと」の意味で、これを選べば「最近までずっと」と継続の意味を出せます。
(A) To は「方向」を表し、(B) However は「譲歩」や「逆接」の副詞で、どちらもここでは使えません。(D) As of は「一時点」を示す表現で、継続性がなく不可です。

問題・選択肢

最近までノーザン・バレー分譲地は森に覆われ、市の中心部からの道路も通じていなかった。

(A) To ……前置詞（～に）
(B) However ……副詞（いかに～でも；しかしながら）
(C) Until ……前置詞・接続詞（～までずっと）
(D) As of ……前置詞（～の時点で）

 継続を表す前置詞

継続を表す前置詞はよく現在完了と一緒に使われます。until の他に、次のような前置詞が継続を表します。

since（～から）　　for（～の間）　　over（～の期間にわたって）

Q8

4つの選択肢から最適のものを選んでください。

Meridian Hotel's room rates in the peak season range ------- $150 for standard twins to $900 for ocean-view suites.

(A) in
(B) at
(C) from
(D) through

単語の意味

□ rate 名料金

Q8 正解 (C) ——————————————— 難易度 ★☆☆

問題パターン 前置詞の選択（動詞＋前置詞）

ステップ1
選択肢にはさまざまな前置詞が並んでいます。空所の位置は range ------ $150 for standard twins to $900 for ocean-view suites と、動詞 range の直後にあります。

ステップ2
この問題のポイントは動詞 range の用法で、意味は「〜に及ぶ」と範囲を示し、多くの場合、その後に範囲を示すために from A to B（A から B まで）の形が続きます。

ステップ3
to 〜（〜まで）がすでにあるので、「〜から」の (C) from を選びます。
なお、(D) through（〜を通して）はこの空所には合いませんが、範囲を示すときに from A through to B（A から B まで）の形で使います。また順路を示すときに from A through B to C（A から B を通って C まで）という形をとることもあります。

問題・選択肢

最盛期のメリディアン・ホテルの客室料金は、スタンダード・ツインの150ドルから、海の見えるスイートの900ドルまで幅がある。

(A) in ……前置詞（〜に）
(B) at ……前置詞（〜で）
(C) from ……前置詞（〜から）
(D) through ……前置詞（〜を通して）

from A to B

from と to の呼応は range 以外の動詞でも使われます。
change from A to B（A から B に変わる）
shift from A to B（A から B に移る）
vary from A to B（A から B までさまざまだ）
upgrade from A to B（A から B に格上げする）

Q9

⏱ 目標タイム **30**秒

4つの選択肢から最適のものを選んでください。

A series of joint campaigns strengthened the relationship ------- Printemps Jewelry and watchmaker SWC.

(A) both
(B) in
(C) between
(D) for

Ⓐ Ⓑ Ⓒ Ⓓ

単語の意味

□ joint　形 共同の
□ strengthen　他 強化する

Q9 正解 (C) ──────────────── 難易度 ★★☆

問題パターン 前置詞の選択（2者の関係）

ステップ1
選択肢には副詞（代名詞）と前置詞が混在しています。空所の位置は the relationship ------ Printemps Jewelry and watchmaker SWC です。

ステップ2
ポイントは relationship とその後にある and です。relationship は「関係」の意味で、「プランタン・ジュエリーと時計メーカーのSWC」という2社を「関係」に結びつける前置詞が必要です。

ステップ3
(C) between は「～の間の」の意味で、and でつながった2つのものを relationship に結びつけることができます。

(A) both は〈both A and B〉で使うことから、and を見て選んでしまいそうなひっかけの選択肢です。relationship につなぐことができず、不可です。(B) in や (D) for でも空所の前後をつなぐことができません。

問題・選択肢

一連の共同キャンペーンはプランタン・ジュエリーと時計メーカー、SWCの間の関係を強化した。

(A) both ……副詞・代名詞（どちらも）
(B) in ……前置詞（～において）
(C) between ……前置詞（～の間の）
(D) for ……前置詞（～のために）

 名詞と前置詞の関係

特定の前置詞と一緒によく使う名詞があります。

cooperation with A（Aとの協力）   demand for A（Aへの需要）
role in A（Aにおける役割）   influence on A（Aへの影響）
admission to A（Aへの入場）   expertise in A（Aの専門知識）
advantage over A（Aに対する優位）   disruption to A（Aの中断・遮断）

Q10

⏱ 目標タイム **30**秒

4つの選択肢から最適のものを選んでください。

The bridge construction has been delayed, but the mayor promises that it will be completed ------- two months' time.

(A) for
(B) until
(C) in
(D) before

単語の意味
□ mayor 名 市長

Q10 正解 (C) ───────────── 難易度 ★★☆

問題パターン 前置詞の選択（時間の経過）

ステップ1

選択肢にはさまざまな前置詞が並んでいます。空所は後半の that 節の中にあって、it will be completed ------ two months' time となっています。it は「橋の建設」を指し、ここの文意は「それ（橋の建設）は 2 カ月〜完工する」です。

ステップ2

文脈から「2 カ月後に完工する」となることが予測できます。

ステップ3

in には「時間の経過」を表す用法があり、in two months' time で「2 カ月経過して」→「2 カ月後に」となります。よって、**(C)** が正解です。
(A) for は「期間」を表し、完工という一時点に合いません。(B) until は「ある時期までの継続」を表すので、不適です。(D) before は「ある時点の前に」の意味で、two months' time と合いません。

問題・選択肢

その橋の建設は遅れているが、市長は 2 カ月後には完工すると約束している。

(A) for ……前置詞（〜の間）
(B) until ……前置詞（〜までずっと）
(C) in ……前置詞（〜後に）
(D) before ……前置詞（〜の前に）

 時間の前置詞

時間を表す前置詞の重要な用法を押さえておきましょう。
- in （〜後に）時間の経過　　in thirty minutes（30 分後に）
- by （〜までに）期限　　　　by this Friday（今週の金曜までに）
- until （〜までずっと）継続　until midnight（夜中までずっと）
- over （〜にわたって）期間　over the past decade（過去 10 年にわたって）
- on （〜に）決まった日時　　on Sunday morning（日曜の朝に）
- at （〜時に）時の一時点　　at sunset（日没時に）

Q11

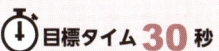

4つの選択肢から最適のものを選んでください。

Fromentin is ------- prominent a fast-fashion brand that its new seasonal items often sell out quickly.

(A) such
(B) so
(C) very
(D) more

単語の意味

□ prominent 形 著名な

Q11 正解 (B) ──────────── 難易度 ★★☆

問題パターン 副詞の選択（相関表現）

ステップ1

選択肢には形容詞と副詞が混在しています。空所の位置は is ------ prominent で、形容詞を修飾するので、空所に入るのは副詞です。

ステップ2

まず、形容詞として使う (A) such を外せます。形容詞の such を使う場合は、such a prominent fast-fashion brand なら正しい形です。

ステップ3

この文の中途に that があることに着目すれば、〈so 形容詞 + 名詞 that …〉（とても～な～なので…）の形が想定できます。したがって、(B) so が正解になります。
(C) very や (D) more では that 以下と呼応しません。

問題・選択肢

フロマンタンはとても著名なファストファッション・ブランドなので、その新しい季節商品はしばしばすぐに売り切れる。

(A) such ……形容詞（そのような）
(B) so ……副詞（それほど）
(C) very ……副詞（非常に）
(D) more ……副詞（もっと）

 相関表現

2語が相関する表現の代表が〈so ～ that …〉と〈such ～ that …〉です。以下の形をそのまま覚えておくと、Part 5 で即座に解答できるようになります。

〈so 形容詞・副詞 that ～〉（とても…なので～）
〈so 形容詞 + 名詞 that ～〉（とても…な [名詞] なので～）
〈such (a) 形容詞 + 名詞 that ～〉（とても…な [名詞] なので～）

Q12

4つの選択肢から最適のものを選んでください。

Depending on the weather and traffic conditions, it takes ------- two hours to drive from Dalmouth to Culverton.

(A) mainly
(B) rapidly
(C) relatively
(D) approximately

Q12 正解 (D) ─────────── 難易度 ★★☆

問題パターン 副詞の選択（数値を修飾）

ステップ1
選択肢にはさまざまな副詞が並んでいます。空所の位置は it takes ------ two hours to drive from Dalmouth to Culverton で、「ダルマウスからカルヴァートンに車で行くには〜2時間かかる」が文意です。

ステップ2
空所は two hours の直前にあるので、数字（ここでは形容詞）を修飾できる副詞を探します。

ステップ3
(D) approximately は「およそ；約」の意味で、数値をぼかす役割でよく使います。

(A) mainly（主として）はテーマを限定する副詞で、この文には合いません。(B) rapidly（急速に）は two hours や drive から想像させるひっかけの選択肢ですが、「急速に2時間かかる」ではおかしな文になり不適です。(C) relatively（比較的に）にも形容詞・副詞をぼかす機能がありますが、数値を修飾することはできません。

問題・選択肢

天候と交通の状況によるが、ダルマウスからカルヴァートンに車で行くにはおよそ2時間かかる。

(A) mainly 　……主として
(B) rapidly 　……急速に
(C) relatively 　……相対的に
(D) approximately 　……およそ

 approximately

　approximately は Part 5 に頻出の数値を修飾する副詞です。〈**approximately** 数字＋名詞〉というパターンで問われます。類義語に about や roughly があり、同じように使えます。

Q13

4つの選択肢から最適のものを選んでください。

Ms. Yamanaka's development team works ------- with the engineers in Beijing and Singapore branches.

(A) likely
(B) nearly
(C) closely
(D) separately

単語の意味

□ development 名 開発

Q13 正解 (C) ──────────── 難易度 ★☆☆

問題パターン 副詞の選択（動詞を修飾）

ステップ1
選択肢にはさまざまな副詞が並んでいます。空所の位置は works ------ なので、空所には works を修飾する副詞が入ります。

ステップ2
「ヤマナカさんの開発チームが、北京支社とシンガポール支社のエンジニアとどのように働いているか」を考えます。

ステップ3
共同作業なので、(C) closely（緊密に連携して）がぴったりです。
(A) likely は「おそらく」、(B) nearly は「ほとんど」の意味で、人間関係の緊密さを表現できません。(D) separately は「別々に」の意味なので with となじみません。separately from なら可能です。

問題・選択肢
ヤマナカさんの開発チームは、北京支社とシンガポール支社のエンジニアと緊密に連携して仕事をしている。

(A) likely ……おそらく
(B) nearly ……ほとんど
(C) closely ……緊密に連携して
(D) separately ……別々に

 closely

closely は「関係・関心・空間・時間などが詰まって」が原意で、「緊密に」「綿密に」「ぎっしりと」「すぐに」などの意味で使います。
　be closely involved（緊密に関与する）
　examine closely（綿密に調べる）
　be closely packed（ぎっしり詰まっている）
　be followed closely by ～（～がすぐに続いている）

Q14

4つの選択肢から最適のものを選んでください。

-------, we inform you that we haven't accepted your application for the sales manager position in our Tokyo branch.

(A) Even so
(B) Regrettably
(C) Certainly
(D) Accordingly

Q14 正解 (B) — 難易度 ★★☆

問題パターン 副詞の選択（文修飾）

ステップ1
選択肢にはさまざまな副詞が並んでいます。空所は文頭にあり、カンマで区切られているので、文全体を修飾すると考えられます。

ステップ2
文意は「私どもは東京支社の販売部長職へのあなたの応募を受け入れられなかったことをお知らせいたします」です。

ステップ3
ネガティブなことを知らせる内容なので、その前置きとして (B) Regrettably（残念ですが）がぴったりです。

他の選択肢は、この文をうまく導くことができません。(A) Even so は「それでも」と逆接の意味です。(C) Certainly は「確かに」で強い同意・確信を表します。(D) Accordingly は「それに応じて」の意味で、「それに」に当たる状況が設定されていないと使えません。

問題・選択肢

残念ですが、私どもは東京支社の販売部長職へのあなたの応募を受け入れられなかったことをお知らせいたします。

(A) Even so　……それでも
(B) Regrettably　……残念ですが
(C) Certainly　……確かに
(D) Accordingly　……それに応じて

文修飾の副詞

文修飾の副詞は冒頭に置いて、その文全体にニュアンスを添えます。TOEICでよく出る文修飾の副詞はこの問題の選択肢のほか、次のようなものがあります。

fortunately（幸いに）
eventually（ついに；最後には）
moreover（さらに）

actually / in fact（実際のところ）
perhaps（おそらく）
besides（そのうえ）

Q15

4つの選択肢から最適のものを選んでください。

Hutchins & Baird has been named Canada's number-one employer by HR Eye magazine for three years -------.

(A) consecutively
(B) equally
(C) repetitively
(D) proudly

単語の意味

□ employer 名雇用主

Q15 正解 (A) ——————————— 難易度 ★★☆

問題パターン 副詞の選択（期間・数字の連続）

ステップ1
選択肢にはさまざまな副詞が並びます。**空所の位置は for three years ------- にあり**、直前の「3年間」と関係するのでは、と見当をつけます。

ステップ2
for までの文意は「ハチンズ＆ベアドは、雑誌『HRアイ』によって3年間〜で、カナダのベスト雇用主に選ばれた」です。

ステップ3
「期間・数字の連続」を表現する **(A) consecutively（連続して）を選べば、「3年間連続して」となって文意が通ります。**
(C) repetitively（反復して）がまぎらわしいですが、この副詞は「（単純な）行動の反復」を表し、ネガティブなニュアンスもあるので不適です。
(B) equally（同様に）だと、この文では何と同様なのかが不明です。(D) proudly（誇らしく）なら、動詞の named の近くに置かなければなりませんし、この文は受け身なので無理があります。

問題・選択肢

ハチンズ＆ベアドは、雑誌『HRアイ』によって3年<u>連続</u>で、カナダのベスト雇用主に選ばれた。

(A) consecutively　……連続して
(B) equally　……同様に
(C) repetitively　……反復して
(D) proudly　……誇らしく

consecutively

連続性を表現する副詞で、問題文のように「連続する期間」の後に置いて使います。形容詞形の consecutive もよく出るので一緒に覚えておきましょう。for three <u>consecutive</u> years の形で consecutive が問われることがあります。類語に successively（副詞）/ successive（形容詞）があり、同じように使えます。

TARGET 600

DAY 5

文法・単語問題
代名詞・関係詞・比較・イディオム

15問

……「代名詞・関係詞・比較・イディオム」問題の攻略法……

問題形式

　代名詞は選択肢に異なった格が並んだり、関係詞と混在したりすることもあります。比較は形容詞・副詞の原級・比較級・最上級が混在して出ます。イディオムは接続詞や前置詞と混在することもあります。

解き方

　代名詞・関係詞・比較ともに、文法の基本知識を駆使すればすべて解けるものです。忘れてしまっている場合は、おさらいをしておきましょう。
　イディオムはTOEICには難解なものは出ません。ビジネスでよく使うものを知っていれば十分対応できます。

Q1

⏱ 目標タイム **30** 秒

4つの選択肢から最適のものを選んでください。

The Gladstone Hotel has two classic Art Deco murals in ------- elevator lobby.

(A) his
(B) our
(C) its
(D) their

Ⓐ Ⓑ Ⓒ Ⓓ

単語の意味

□ Art Deco　アールデコ　＊1920〜30年代に流行した幾何学模様の装飾美術。
□ mural　名 壁画

できた …………○　　1回目　　2回目　　3回目
あいまい ………△
できなかった …×

Q1 正解 (C) ─────────────── 難易度 ★☆☆

問題パターン 代名詞（所有格）

ステップ1

選択肢にはすべて代名詞の所有格が並びます。空所の位置は in ------ elevator lobby です。

ステップ2

elevator lobby（エレベーターロビー）がだれ（何）の所有かを考えます。

ステップ3

前出の名詞は The Gladstone Hotel と two classic Art Deco murals で、ホテルのほうの所有と考えられます。ホテルはモノで単数なので、その所有格は its。よって、(C) が正解です。

問題・選択肢

グラッドストーン・ホテルには、そのエレベーターロビーに2つの伝統的なアールデコの壁画がある。

(A) his ……三人称単数（男性）
(B) our ……一人称複数
(C) its ……三人称単数（モノ）
(D) their ……三人称複数

 空所の前をチェックする

　代名詞の種類を確定するには、空所の前を見るのが鉄則です。多くの場合、代名詞が受けるべき元の名詞があります。その名詞が単数か複数か、男性か女性かモノかで、適当な代名詞を絞り込みます。

Q2

4つの選択肢から最適のものを選んでください。

The entertainment director's job is to ensure that passengers enjoy ------- during the cruise.

(A) oneself
(B) yourselves
(C) itself
(D) themselves

単語の意味

□ ensure 他 確かなものにする

Q2 正解 (D) ───────────── 難易度 ★☆☆

問題パターン 再帰代名詞

ステップ1

選択肢にはさまざまな再帰代名詞が並びます。空所は that 節の中にあり、位置は passengers enjoy ------ during the cruise です。

ステップ2

enjoy の目的語になっていて、「自らを楽しむ」の意味です。**この「自ら」は主語 passengers と考えられます。**

ステップ3

passengers は三人称複数なので、これを受ける再帰代名詞の (D) themselves が正解です。
なお、(A) oneself は再帰代名詞の一般形で、辞書の項目になっていますが、文中で使われるときにはふつう、名詞に合った形に変化します。

問題・選択肢

エンターテインメント部長の仕事は、クルーズの間、乗客に確実に楽しんでもらえるように努めることにある。

(A) oneself ……三人称単数（一般）
(B) yourselves ……二人称複数（人）
(C) itself ……三人称単数（モノ）
(D) themselves ……三人称複数（人・モノ）

再帰代名詞

再帰代名詞は、代名詞に -self（複数は -selves）が付いたものです。主語を受けて使いますが、主に3つの用法があります。

①**目的語になる**：She watched herself in the mirror.（彼女は鏡の中の自分を見た）。目的語なので、動詞の次にきます。
②**強調する**：The boss himself called the client.（上司が自分でクライアントに電話した）。この場合は、副詞的に使います。
③**慣用的な用法**：enjoy oneself（楽しむ）、devote oneself to（〜に専心する）、absent oneself（欠席する）、pride oneself（自負する）

144

Q3

目標タイム 30秒

4つの選択肢から最適のものを選んでください。

Ms. Tottenham will take care of Mr. Hahn's accounts while ------- is on vacation.

(A) he
(B) she
(C) himself
(D) her

Ⓐ Ⓑ Ⓒ Ⓓ

単語の意味

□ account 名顧客

Q3 正解 (A) ──────────────── 難易度 ★☆☆

問題パターン 代名詞（主格・人）

ステップ1
代名詞の男女のさまざまな格が選択肢に並びます。空所の位置は while ------ is on vacation で、接続詞の後、be 動詞の前にあります。

ステップ2
また、この文には主語がないので、代名詞を入れるとすれば主格でなければなりません。ここから、(A) he と (B) she に絞れます。

ステップ3
空所の代名詞が受けそうな名詞は Ms. Tottenham と Mr. Hahn がありますが、文意を見ると「トッテナムさんがハーンさんの顧客を担当する」なので、休暇を取る（on vacation）のは Mr. Hahn だと推測できます。
よって、男性・主格である (A) he を選びます。

問題・選択肢
トッテナムさんがハーンさんの顧客を担当するのは、彼が休暇中のときだ。

(A) he ……主格（男性）
(B) she ……主格（女性）
(C) himself ……再帰代名詞（男性）
(D) her ……所有格・目的格（女性）

代名詞の格

代名詞の格は位置・機能によって、見分けられます。
・**主格**：主語になる
・**所有格**：名詞を修飾する
・**目的格**：目的語になる、前置詞の後ろで使う

Q4

目標タイム **30**秒

4つの選択肢から最適のものを選んでください。

Mandarin Market App can help ------- check stock prices, read the latest news and find detailed company information.

(A) you
(B) your
(C) yours
(D) yourself

単語の意味

□ app 名アプリ

Q4 正解 (A) ——————————————————— 難易度 ★★☆

問題パターン 代名詞（顧客の you）

ステップ1
選択肢には代名詞 you のさまざまな格が並んでいます。この文の構造は can help が述語動詞で、空所が目的語、check 〜・read 〜・find 〜の3つの動詞以下が補語と考えられます。〈help O C〉の形です。所有格の (B) your は目的語になれないので、まずこれを外せます。

ステップ2
この文は顧客などの不特定の相手に向けた内容で、「顧客であるあなた」が「株価を確認したり、最新ニュースを読んだり、詳細な会社情報を見つけたりするのを手助けします」という文意になります。

ステップ3
よって、(A) you が正解です。
所有代名詞の (C) yours では、「あなたのもの」が何を指すかがわかりません。再帰代名詞の (D) yourself を使うには、主語が you であるか、〈動詞 + yourself〉が成立するかですが、この文はどちらにも当てはまりません。

問題・選択肢

マンダリン・マーケット・アプリは、あなたが株価を確認したり、最新ニュースを読んだり、詳細な会社情報を見つけたりするのを手助けします。

(A) you　……主格・目的格
(B) your　……所有格
(C) yours　……所有代名詞
(D) yourself　……再帰代名詞

独立して使われる we [us] と you

　we と you は前出の言葉を代用するのではなく、独立して使われることがあります。we は「自社のわれわれ」を表すときで、〈比較級 than we expected〉などのパターンです。you については、「顧客・ユーザー」を指すケースで、〈let you know〉〈help you 〜〉〈inform you of 〜〉などのパターンでよく使われます。

Q5

4つの選択肢から最適のものを選んでください。

The advertising department outlined two design options, and ------ were quite attractive.

(A) either
(B) both
(C) each
(D) some

単語の意味

□ outline　他 説明する
□ attractive　形 魅力的な

Q5 正解 (B) ──────────────── 難易度 ★★☆

問題パターン 不定代名詞（both）

ステップ1
選択肢にはさまざまな不定代名詞が並びます。この文は前後半に分かれていて、前半の文は「広告部は2案のデザインの選択肢を説明した」、後半の文は「〜がとても魅力的だった」の意味です。

ステップ2
まず空所の後の動詞が were と複数の主語を受けるものであると考えると、単数扱いになる (A) either（どちらか）や (C) each（それぞれ）は文法的に不可です。

ステップ3
案が2つあることを考えて、後ろの文に続けるには、(B) both（どちらも）を選んで「どちらもがとても魅力的だった」とする必要があります。(B) が正解です。
(D) some（いくつか）は「たくさんあるうちのいくつか」という意味で使えますが、案は2つしかないので、この文には合いません。two design options ではなく、many design options や various design options なら正解となります。

問題・選択肢

広告部は2案のデザインの選択肢を説明したが、どちらもがとても魅力的だった。

(A) either ……どちらか
(B) both ……どちらも
(C) each ……それぞれ
(D) some ……いくつか

 不定代名詞

不特定の人やモノを指すのに使う代名詞のことです。one、none、some、any、another、each、both、either、all、everyone、somebody、something などがあります。

Q6

4つの選択肢から最適のものを選んでください。

The development of the Internet has made ------- easier than ever to search for and verify information.

(A) it
(B) us
(C) oneself
(D) themselves

単語の意味

□ search for 〜を求める
□ verify 他 検証する

Q6 正解 (A) ──────────────── 難易度 ★★☆

問題パターン 代名詞（仮目的語 it）

ステップ1
さまざまな代名詞が並んでいます。空所の位置は、has made ------- easier で、動詞の後・形容詞の前です。

ステップ2
make の用法を考えると〈**make O C**〉（**O を C にする**）になると想定できます。空所には目的語で使える代名詞が必要ですが、選択肢のすべてが当てはまるので別の面から考えます。

ステップ3
空所の前にある名詞は主語の The development of the Internet で、これを代名詞に換えて空所に置いても文意が通りません。**そこで、to 不定詞以下に注目して、この要素を仮目的語の it で代用すれば「情報を検索して検証すること（= it）を以前よりも簡単にした」となり文意が通ります。** よって、(A) が正解です。

問題・選択肢

インターネットの発達によって、情報を検索して検証する<u>の</u>が以前よりも簡単になった。

(A) it ……代名詞
(B) us ……人称代名詞
(C) oneself ……再帰代名詞（単数）
(D) themselves ……再帰代名詞（複数）

仮主語・仮目的語の it

仮主語の it は〈It is ～ that … [to do]〉（that［to］以下が～だ）という構造で、気づきやすいですが、仮目的語は意外に盲点になります。どの代名詞も当てはまらず、後ろに to 不定詞や that 節が続く場合は、それを it で受けられないかどうかを考えましょう。仮目的語の it は〈make O C〉〈find O C to do〉〈think O C〉など、第5文型の目的語 O で使われることが多いです。他に〈Rumor has it that ～〉（噂によると～だ）という特殊な用法もあります。

Q7

4つの選択肢から最適のものを選んでください。

Many stadiums have a movable roof ------- can be closed to keep the field dry on rainy days.

   (A) they
   (B) it
   (C) which
   (D) where

単語の意味

□ movable 形 可動式の

Q7 正解 (C) ──────────────── 難易度 ★☆☆

問題パターン 関係代名詞（主格）

ステップ1
選択肢には代名詞と関係詞が混在しています。空所の位置は a movable roof ------ can be closed です。名詞と助動詞・be動詞に挟まれた位置です。

ステップ2
空所以下の文には主語がないので、空所には主語になることができかつ接続機能のある関係代名詞の主格が入ります。

ステップ3
関係代名詞の主格は (C) which で、これが正解です。

問題・選択肢

多くのスタジアムは、雨天の日に競技場を乾いた状態に保つために、閉鎖できる可動式ルーフを備えている。

(A) they ……代名詞（三人称複数）
(B) it ……代名詞（三人称単数）
(C) which ……関係代名詞（主格）
(D) where ……関係副詞（場所）

 関係代名詞

　関係代名詞を選ぶ基本は、それが入る文にどの要素が欠けているかを確認することです。主語が欠けていれば「主格」、目的語がなければ「目的格」、空所に限定されない名詞が続いていれば「所有格」の関係代名詞を選びます。また、主格・目的格は、先行詞がモノなら which、人なら who [whom] と使い分けます。that は主格・目的格、人・モノのどちらでも使えます。

Q8

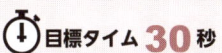

4つの選択肢から最適のものを選んでください。

Panda Toys Co. is a company ------- Mr. Kite had worked for before joining Henderson Furniture.

(A) there
(B) where
(C) that
(D) it

Q8 正解 (C) ──────────── 難易度 ★★☆

問題パターン 関係代名詞（目的格）

ステップ1
選択肢には副詞と関係詞、代名詞が混在しています。空所の位置は前半の文の補語である a company の後ろで、空所の後には文が続いています。

ステップ2
2つの文の間にあるので、空所には接続機能のある関係詞を選ばないといけません。まず、接続機能のない副詞の (A) there と代名詞の (D) it を外せます。

ステップ3
空所の後の文を見ると、**Mr. Kite had worked for before joining Henderson Furniture** となっていて、**for** の後にくる要素がありません。**a company** が先行詞で、これが **for** の後にくる要素と考えられるので、目的格の関係代名詞として使える **(C) that** を選びます。
a company は働く場所ととらえることができますが、そこから安易に場所の関係副詞の (B) where を選んではいけません。関係副詞が使われる場合には、後続の文が要素の欠けていない完全な文である必要があります。

問題・選択肢

パンダ・トイズ社は、カイトさんがヘンダーソン・ファーニチャーに入る前に勤めていた会社だ。

(A) there ……副詞
(B) where ……関係副詞
(C) that ……関係代名詞
(D) it ……代名詞

関係代名詞か関係副詞か

　関係代名詞か関係副詞かは、後続の文を見て判断します。
・文に欠けている要素がある　→　関係代名詞
・欠けている要素のない完全な文である　→　関係副詞

Q9

4つの選択肢から最適のものを選んでください。

The investigators are currently trying to determine ------- caused the fire in Brillig Machinery Supply's warehouse.

(A) what
(B) it
(C) where
(D) that

単語の意味

□ investigator 名 調査官
□ cause 他 引き起こす
□ warehouse 名 倉庫

Q9 正解 (A) ─────────────── 難易度 ★★☆

問題パターン 関係代名詞（what）

ステップ1
選択肢には代名詞と関係詞が混在します。空所の位置は determine ------- caused the fire in Brillig Machinery Supply's warehouse です。空所の後には caused と動詞があり、the fire と目的語がありますが、主語がありません。

ステップ2
主語の要素が欠けているので、入るのは関係代名詞です。代名詞の (B) it と関係副詞の (C) where をまず外せます。

ステップ3
また、空所の前の determine には目的語がなく、**ここに入る関係代名詞は determine の目的語と、caused の主語を兼ねないといけません。(A) what は先行詞を含んだ関係代名詞で、「〜のもの」という意味で、この2つの役割を兼ねることができます。**
(D) that はふつうの関係代名詞なので、これを使うには〈先行詞 + that〉となるように、別途、先行詞が必要です。

問題・選択肢
調査官は現在、ブリリグ・マシーナリー・サプライの倉庫で火事を引き起こしたものを突き止めようとしている。

(A) what ……関係代名詞（先行詞を含む）
(B) it ……代名詞
(C) where ……関係副詞（場所）
(D) that ……関係代名詞

関係代名詞 what

　関係代名詞の what は先行詞も含む特殊なもので、〈what〉=〈先行詞 + which〉のイメージで覚えておきましょう。この問題での主格のほかに、目的格としても使えます。
　Let me know what you think.（考えていることを教えてください）

Q10

4つの選択肢から最適のものを選んでください。

AI technology is a new field ------- both mega techs and startups could grow their business dramatically.

(A) when
(B) which
(C) that
(D) where

単語の意味

□ mega tech　大手ハイテク企業
□ startup　名 新興企業
□ dramatically　副 劇的に

Q10 正解 (D) ────────────── 難易度 ★★☆

問題パターン 関係副詞（場所）

ステップ1
空所の前後はそれぞれ文です。選択肢にはさまざまな関係詞が並ぶので、前後半の文をつなぐのにふさわしい関係詞を選択することになります。

ステップ2
まず注目すべきは、空所の後の文が〈S V O〉と、すべての要素の揃った完全な文であることです。関係代名詞は文の欠けたところを補足する機能があるので、この空所に入るのは関係代名詞ではありません。まず、(B) which と (C) that を外せます。

ステップ3
次に先行詞を見ると、**a new field**（新しい分野）です。**field** は広い意味で「場所」を表すと考えられます。「新しい分野」という場所で「大手ハイテク企業も新興企業も事業を劇的に成長させることが可能」なのです。よって、場所を表す関係副詞の **(D) where** を選びます。
(A) when は先行詞が時を表す言葉でないといけません。

問題・選択肢

AI技術は新しい分野で、そこでは大手ハイテク企業も新興企業も事業を劇的に成長させることが可能だ。

(A) when ……関係副詞（時）
(B) which ……関係代名詞
(C) that ……関係代名詞
(D) where ……関係副詞（場所）

関係副詞と先行詞
....

　関係副詞は先行詞の種類によって決まります。
・when →「時」を表す先行詞　day、year など
・where →「場所」を表す先行詞　house、field など
・why →「理由」を表す先行詞　reason
・how → 先行詞なしで使う

Q11

目標タイム **30**秒

4つの選択肢から最適のものを選んでください。

------- your industry is, you can trust Spears Consultancy to save you time and money.

(A) Though
(B) However
(C) Whatever
(D) Even

単語の意味

□ consultancy 名 コンサルタント会社

Q11 正解 (C) ― 難易度 ★★☆

問題パターン 複合関係代名詞（譲歩）

ステップ1

選択肢には接続詞、関係詞、副詞が混在しています。空所の位置は ------- your industry is, で、空所には文が続いています。空所には接続機能のある語が必要なので、ふつうの副詞の (D) Even（〜でさえ）を外せます。

ステップ2

文意はカンマまでが「御社の業界が〜」、カンマの後が「時間と経費の削減のためにはスピアーズ・コンサルタンシーにお任せください」です。接続詞の (A) Though だと「御社の業界があるけれども」と、前半の文が意味をなしません。これも不可です。

ステップ3

------- your industry is で足りないのは補語の要素なので、それが文頭に出ていると考え (C) Whatever を選ぶと、「御社の業界がどんなものであれ」と譲歩の意味を持たせながら、後の文につなぐことができます。
(B) However（いかに〜でも）は、後ろに形容詞や副詞が必要で、〈However 形容詞／副詞 S V〉の形をとります。

問題・選択肢

御社の業界がどんなものであれ、時間と経費の削減のためにはスピアーズ・コンサルタンシーにお任せください。

(A) Though ……接続詞（〜だけれども）
(B) However ……複合関係副詞（いかに〜でも）
(C) Whatever ……複合関係代名詞（いかなる〜でも）
(D) Even ……副詞（〜でさえ）

 複合関係詞

〈関係詞 + ever〉で複合関係詞になります。複合関係詞は文頭に出ると、譲歩の意味を表すことができます。
  However rich you are, 〜（あなたがいくら金持ちでも〜）
  Whichever you pick, 〜（あなたがどちらを選んでも〜）

Q12

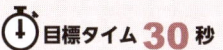

4つの選択肢から最適のものを選んでください。

The SK05 ink-jet color printer is about 20% ------- to print out than similar products.

(A) fastest
(B) fast
(C) faster
(D) fastening

Ⓐ Ⓑ Ⓒ Ⓓ

単語の意味

□ similar 形同様の

Q12 正解 (C) ——————————— 難易度 ★☆☆

問題パターン 比較級

ステップ1

選択肢には fast のさまざまな形が並びますが、最上級や比較級も入っていることに注意しましょう。

ステップ2

空所の前は about 20% と数値があって、空所の後ろは to print out than similar products と than が使われています。

ステップ3

than は比較級に対応する言葉なので、than の前には比較級の形容詞（または副詞）がないといけません。よって、(C) faster が正解となります。
about 20% faster to print out than similar products で「同種の製品よりも印刷速度が約20%速い」となります。
最上級の (A) fastest の場合は、「〜の中で最も〜」という意味になるので、後に続くべきは among similar products などの言葉です。(B) fast は原級なのでここでは不可。(D) fastening は動詞 fasten（締める）の ing 形で、速度に関係ありません。

問題・選択肢

SK05インクジェット・カラープリンターは、同種の製品よりも印刷速度が約20%速い。

(A) fastest ……最上級
(B) fast ……原級
(C) faster ……比較級
(D) fastening ……現在分詞・動名詞

 比較

比較級と最上級はTOEICでは基本を知っていれば大丈夫です。
- 比較級：〈more 形容詞・副詞（または -er）than 〜〉
  rather than（〜よりむしろ）や no later than（遅くとも〜）の慣用表現に注意。
- 最上級：〈the most 形容詞・副詞（または -est）〜〉
  〈one of the most 形容詞＋名詞〉（最も〜な［名詞］の1つ）の形に注意。

Q13

4つの選択肢から最適のものを選んでください。

------- Midwest Banking's new policies, employees in the designated sections are allowed to dress casually.

(A) In search of
(B) On top of
(C) By means of
(D) In accordance with

単語の意味

□ designated 形 指定された

Q13 正解 (D) ──────────── 難易度 ★★☆

問題パターン イディオムの選択

ステップ1
空所の位置は ------ Midwest Banking's new policies, で、「ミッドウエスト・バンキングの新しい方針〜」の意味です。

ステップ2
主文は「指定された部門の社員はカジュアルな服を着ることが許される」で、方針の運用を述べています。

ステップ3
「方針」を導くイディオムなので、**(D) In accordance with（〜に従って）が正解になります。**
(A) In search of（〜を求めて）は探す対象を続けます。(B) On top of（〜の上に；〜に加えて）は文字通り位置を示したり、付加される情報を導いたりするのに使います。(C) By means of（〜によって）は手段・方法を続けます。

問題・選択肢
ミッドウエスト・バンキングの新しい方針に従って、指定された部門の社員はカジュアルな服を着ることが許される。

(A) In search of　……〜を求めて
(B) On top of　……〜の上に；〜に加えて
(C) By means of　……〜を用いて
(D) In accordance with　……〜に従って

 イディオムの選択

TOEICにあまり難しいイディオムは出ません。ビジネスでよく使う基本的なものをしっかり押さえておきましょう。イディオムは用途をイメージして覚えておくと、文脈に合わせて即座に選べるようになります。

according to（〜によると）→ 情報の出所
due to / owing to（〜のせいで）→ 原因
instead of（〜の代わりに）→ 代替
in compliance with（〜に従って）→ 規則の遵守

Q14

4つの選択肢から最適のものを選んでください。

------- a lack of funds, Carlyle Properties intends to build a new apartment complex in the city center.

(A) Because of
(B) In spite of
(C) Even if
(D) Besides

Q14 正解 (B) ──────────── 難易度 ★★☆

問題パターン イディオムの選択

ステップ1
空所の位置は ------ a lack of funds, で、「資金の不足〜」となっています。主文は「カーライル・プロパティーズは市の中心部に新しい複合マンションを建設する意向だ」です。

ステップ2
資金が足りないのに複合マンションを建設するという矛盾した計画をしているわけなので、空所には「逆接」の意味のイディオムが必要です。

ステップ3
(B) In spite of を入れると、「資金が不足しているにもかかわらず」となり、文意が通ります。
(C) Even if は「たとえ〜でも」という譲歩の意味を表しますが、接続詞なので、空所の後ろが名詞のここでは使えません。(A) Because of(〜のために)は「理由」を、(D) Besides(〜を除いて)は「除外」をそれぞれ表し、この文には当てはまりません。

問題・選択肢

資金が不足しているにもかかわらず、カーライル・プロパティーズは市の中心部に新しい複合マンションを建設する意向だ。

(A) Because of ……〜のために
(B) In spite of ……〜にもかかわらず
(C) Even if ……たとえ〜でも
(D) Besides ……〜を除いて

 in spite of

in spite of(〜にもかかわらず)は頻出の前置詞のイディオムです。1語で置き換えると despite になります。選択肢ではよく、although、though などの逆接の接続詞や however、nevertheless などの逆接の接続副詞と一緒に出ることがあるので、しっかり区別しましょう。

Q15

4つの選択肢から最適のものを選んでください。

------- the economy is showing signs of recovery, experts predict that real estate prices will increase somewhat next quarter.

(A) To date
(B) Now that
(C) Only when
(D) In order that

単語の意味

□ recovery 名 回復
□ somewhat 副 いくらか

Q15 正解 (B) ——————————————— 難易度 ★★☆

問題パターン イディオムの選択

ステップ1

空所の位置は ------ the economy is showing signs of recovery で、空所には文が続いているので、接続詞のイディオムが入ります。(A) To date は「今までの」の意味で、文と文をつなぐ機能はないので、まずこれを外せます。

ステップ2

文意を考えると、カンマまでは「経済が回復の兆しを見せている」、カンマの後は「専門家は不動産価格は次の四半期にはいくらか上昇すると予測している」。

ステップ3

前半が後半の理由になっているので、「現状をふまえた理由」を表す (B) Now that (今や〜なので) が正解です。
(C) Only when (〜のときだけ) は限定された時・場合を表し、ここでは文意に合いません。(D) In order that (〜のために) は目的を表し、これも不可です。

問題・選択肢

今は経済が回復の兆しを見せているので、専門家は不動産価格は次の四半期にはいくらか上昇すると予測している。

(A) To date ……今までの
(B) Now that ……今や〜なので
(C) Only when ……〜のときだけ
(D) In order that ……〜のために

 接続詞系イディオム

　TOEICに出る接続詞のイディオムは限られています。重要なものを覚えておきましょう。

even if [though] (たとえ〜でも)	given that (〜を考慮に入れると)
provided that (〜という条件で)	as far as 〜 concerned (〜に関するかぎり)
except that (〜することを除いて)	in case (〜する場合に備えて)
as long as (〜するかぎり)	on the grounds that (〜を根拠として)

TARGET 600

DAY 6

実戦練習 No.1

30問

 解答時間
600点目標：**15分**
高得点目標：**10分**

✓「実戦練習」では、Part 5 に出る全種の問題をランダムに出題しています。本番の Part 5 を解くつもりで、時間も意識しながら解答してみましょう。

✓ 問題を解いたら、解説を読んでしっかり理解しておきましょう。また、日をおいて、2回、3回とトライしてみましょう。

Q1

The president of MSR Consulting Group thanked the firm's clients for ------- support over the past year.

(A) they
(B) their
(C) theirs
(D) those

Q2

The qualifications ------- for open positions in Jasper Computing are posted on the Careers page of the company's Web site.

(A) necessary
(B) necessarily
(C) necessity
(D) necessitate

単語の意味

Q1
□ past 形 過去の

Q2
□ qualification 名 資格
□ post 他 掲示する

Q1　正解 (B)　代名詞（所有格） ──────── 難易度 ★☆☆

ステップ1

選択肢には they のさまざまな格と those が並びます。空所の位置は、for ------- support で、前置詞の後・名詞の前です。

ステップ2

この位置に主格の代名詞や所有代名詞は置けないので、まず (A) they と (C) theirs を除外できます。

ステップ3

次に support（支援）がだれのものなのかを考えると、会社の社長が感謝しているのは clients（顧客）なので、「顧客の支援」と考えられます。顧客は複数なので、their support（彼らの支援）とするのが適当。**(B) が正解です。**

(D) those（それらの）は、指すものが不明で使えません。

問題・選択肢

MSRコンサルティング・グループの社長は会社のクライアントに、彼らの過去1年間にわたる支援について感謝を表明した。

(A) they　主格　　　　　　　　　(B) their　所有格
(C) theirs　所有代名詞　　　　　(D) those　形容詞

Q2　正解 (A)　品詞の識別（形容詞） ──────── 難易度 ★☆☆

ステップ1

この文はすでに are posted という述語動詞があります。重複して動詞は要らないので、まず動詞の (D) を外せます。

ステップ2

空所の位置は The qualifications ------- for open positions in Jasper Computing で、空所は名詞と前置詞の間にあります。この位置に置ける品詞は形容詞か名詞のみ。よって、副詞の (B) を外せます。

ステップ3

前置詞の for に着目すると necessary for（〜に必要な）とすると、前の qualifications につなげられるので、**(A) が正解になります。**ここでは、〈名詞＋名詞〉の qualifications necessity とはできません。(C) は不適です。

問題・選択肢

ジャスパー・コンピューティングの募集職に必要な資格は、会社のウェブサイトのキャリアのページに掲示されている。

(A) necessary　形容詞　　　　　(B) necessarily　副詞
(C) necessity　名詞　　　　　　(D) necessitate　動詞

Q3

The buying committee reviewed purchase costs and decided to order ------- some new suppliers.

(A) to
(B) for
(C) with
(D) from

Q4

All residents ------- to attend the information session regarding the renovation of Oak Hill Towers.

(A) are encouraged
(B) encourage
(C) encouraging
(D) to encourage

単語の意味

Q3
□ purchase 名 購入

Q4
□ renovation 名 改修

Q3 正解 (D) 前置詞の選択 ──────────── 難易度 ★★☆

ステップ1
空所は後半の不定詞の中にあり、order ------ some new suppliers となっています。

ステップ2
「〜に発注する」の意味を出すために、order と結びついて使う前置詞を選びます。

ステップ3
動詞 order は〈order A from B〉(A [商品] を B [業者] に発注する)の形がとれ、この A を省略したのがこの問題です。よって、**(D) from** が正解となります。他の前置詞は order と結びついて、「〜に発注する」の意味を出せません。

問題・選択肢
購買委員会は購入コストを検証し、いくつかの新しい納入業者に発注することを決めた。

(A) to 〜に
(B) for 〜のために
(C) with 〜と共に
(D) from 〜に；〜から

Q4 正解 (A) 動詞の形(受動態) ──────────── 難易度 ★★☆

ステップ1
空所の位置は、All residents ------ to attend the information session となっていて、主語の All residents に空所を挟んで to 不定詞が続いています。

ステップ2
この文には述語動詞がないので、空所に入るのは述語動詞です。ここから ing 形の (C) と不定詞の (D) を外せます。

ステップ3
encourage は「勧める；推奨する」という意味で、「すべての住民が情報提供セッションに参加する」のをどうするかと考えると、「勧められる」と受け身が適当です。よって、**(A) are encouraged** が正解となります。

問題・選択肢
住民はみんな、オーク・ヒル・タワーズの改修に関する情報提供セッションに参加することが推奨されている。

(A) are encouraged 現在形(受動態)
(B) encourage 原形
(C) encouraging 現在分詞・動名詞
(D) to encourage 不定詞

Q5

Travelers to the Marris Islands can find hotel guides and ------- tips for visitors on the region's Tourism Council Web site.

(A) uses
(B) useful
(C) using
(D) usefully

Q6

Mayfair Life & Style has been dedicated to ------- high-quality home and office furniture over the past twenty years.

(A) deliver
(B) delivery
(C) delivering
(D) delivered

単語の意味

Q5
□ region 名地域；地方

Q6
□ dedicated 形専心して

Q5 正解 (B) 品詞の識別（形容詞） ───────── 難易度 ★☆☆

ステップ1
この文は can find が述語動詞で、hotel guides and ------- tips for visitors の部分が find の目的語になっています。

ステップ2
この目的語の部分は接続詞の and でつながれていて、〈A and B〉の形です。空所はこのBの部分に当たります。目的語としての名詞は tips がすでにあるので、この tips を修飾する要素が空所に入ります。

ステップ3
選択肢で名詞を修飾できるのは (B) か (C) ですが、using を入れても意味をなさないので、(B) useful が正解となります。useful tips で「有益なヒント」です。

問題・選択肢
マリス諸島への旅行者は、その地域の観光局のウェブサイトでホテル案内と訪問者に有益なヒントを見ることができる。

(A) uses　動詞（三単現）　　　　　(B) useful　形容詞
(C) using　現在分詞・動名詞　　　 (D) usefully　副詞

Q6 正解 (C) 品詞の識別（動名詞） ───────── 難易度 ★☆☆

ステップ1
空所の位置は has been dedicated to ------- high-quality home and office furniture で、前置詞 to に続く要素です。

ステップ2
be dedicated to（～に専心する）の to の後は動詞の原形は不可で、名詞の要素でないといけません。 動詞原形の (A) は不可です。**また、後続の名詞の要素につながる必要もあります。** ここから名詞の (B) も外れます。

ステップ3
動名詞の (C) delivering はこの2つの条件を満たし、文意も通ります。 なお、過去分詞の (D) を選んで delivered furniture とすれば、文法上は可ですが、「提供された高品質の家庭・オフィス用家具に専心してきた」と意味的に不適当です。

問題・選択肢
メイフェア・ライフ＆スタイルは過去20年にわたって、高品質の家庭・オフィス用家具を提供することに専心してきた。

(A) deliver　動詞　　　　　　　　(B) delivery　名詞
(C) delivering　現在分詞・動名詞　(D) delivered　過去・過去分詞

Q7

The Entrepreneur Awards ceremony was moved to July 24 ------- schedule conflicts for several of the nominees and presenters.

- (A) once
- (B) due to
- (C) because
- (D) during

Ⓐ Ⓑ Ⓒ Ⓓ

Q8

For ------- 20 euros, guests can upgrade a standard double to a river-view superior.

- (A) additional
- (B) orderly
- (C) economical
- (D) inexpensive

Ⓐ Ⓑ Ⓒ Ⓓ

単語の意味

Q7
- entrepreneur 名 起業家
- schedule conflicts 日程の重複
- nominee 名 候補者

Q8
- upgrade 他 格上げする
- superior 名 スーペリア（スタンダードより1つ上の部屋のランク）

Q7 正解 (B) 前置詞の選択 —————————— 難易度 ★★☆

ステップ1
空所の位置は ------ schedule conflicts for several of the nominees and presenters で、後ろには名詞が続くので、空所に入るのは前置詞です。まず、接続詞の (A) once と (C) because を外せます。

ステップ2
文意を見ると、空所の前は「起業家賞のセレモニーは7月24日に移動になった」、空所の後は「数人の候補者やプレゼンターの日程の重複」。

ステップ3
「日程が重複」していたから「移動になった」と、後半は前半の理由と考えられます。よって、理由を表せる前置詞の (B) due to (〜のために) を選びます。(D) during は継続する時間を表し、schedule から誤って選ばせるひっかけの選択肢で、「日程の重複の間」では意味をなしません。

問題・選択肢
数人の候補者やプレゼンターの日程が重複していたため、起業家賞のセレモニーは7月24日に移動になった。

(A) once　接続詞(ひとたび〜すれば)　(B) due to　前置詞(〜のために)
(C) because　接続詞(〜だから)　　　(D) during　前置詞(〜の間)

Q8 正解 (A) 形容詞の選択 —————————— 難易度 ★☆☆

ステップ1
文意は「〜20ユーロで、宿泊客はスタンダード・ダブルの部屋を川が見えるスーペリアの部屋に格上げできる」です。

ステップ2
(C) economical (経済的な) や (D) inexpensive (安価な) は商品を修飾できても、値段を修飾することはできません。(B) orderly は「注文」を連想させるひっかけの選択肢ですが、実際の意味は「きちんとした」です。

ステップ3
(A) additional を選べば、「追加の20ユーロで」となり、格上げするという主文につながります。これが正解です。

問題・選択肢
追加の20ユーロで、宿泊客はスタンダード・ダブルの部屋を川が見えるスーペリアの部屋に格上げできる。

(A) additional　追加の　　　　　　(B) orderly　きちんとした
(C) economical　経済的な；節約の　(D) inexpensive　安価な

Q9

Although she is new at the company, Avery Watson is taking the ------- in creating overseas projects.

(A) lead
(B) decision
(C) manner
(D) input

Ⓐ Ⓑ Ⓒ Ⓓ

Q10

Widening Queens Road, which is causing traffic jams downtown, is expected to be complete ------- the end of this month.

(A) to
(B) by
(C) until
(D) across

Ⓐ Ⓑ Ⓒ Ⓓ

単語の意味

Q9
□ overseas 形 海外の

Q10
□ cause 他 引き起こす

Q9 正解 (A)　名詞の選択　　　　　　　　　　　　　難易度 ★★☆

ステップ1
空所の位置は Avery Watson is taking the ------ in creating overseas projects です。

ステップ2
文意は「エイヴリー・ワトソンは海外プロジェクトを立案する〜をしている」となります。

ステップ3
動詞 take と結びつくことも考えると、(A) lead（指導）が正解となります。take the lead で「指導する」です。(B) decision（決定）は、動詞には make を使います。(C) manner（やり方；態度）や (D) input（意見）には take と結びつく定型的な用法はなく、また意味も通りません。

問題・選択肢
エイヴリー・ワトソンはその会社では入社間もないが、海外プロジェクトを立案する指導をしている。
(A) lead　指導　　　　　　　　　　(B) decision　決定
(C) manner　やり方；態度　　　　　(D) input　意見

Q10 正解 (B)　前置詞の選択　　　　　　　　　　　　難易度 ★★☆

ステップ1
空所の位置は ------ the end of this month（今月の終わり〜）と日時の前にあります。

ステップ2
空所の前までは「都心の交通渋滞を引き起こしているクイーンズ・ロードの拡幅工事は完了する予定だ」なので、「今月の終わり」は工事の完了期日と考えられます。

ステップ3
よって、「期日」を示す (B) by を選びます。(A) to は方向や到達点を示す前置詞で、ここでは「月末まで」と継続性が出てしまいます。(C) until も「〜までずっと」という継続性を表すので、期日には合いません。(D) across は「〜を横切って；〜にまたがって」で、空間の表現に使う前置詞です。

問題・選択肢
都心の交通渋滞を引き起こしているクイーンズ・ロードの拡幅工事は今月末までに完了する予定だ。
(A) to　〜に　　　　　　　　　　　(B) by　〜までに
(C) until　〜までずっと　　　　　　(D) across　〜を横切って；〜にまたがって

Q11

Clicking on the link below ------- your agreement to comply with this Web site's Terms of Service.

(A) confirms
(B) confirm
(C) confirming
(D) to confirm

Q12

The Electronics Expo was held in the Delta Conference Center, ------- was constructed last year.

(A) it
(B) where
(C) there
(D) which

単語の意味

Q11
□ comply with ～を守る；～を遵守する
□ terms 名 条件；規約

Q11　正解 (A)　動詞の形（現在形） ── 難易度 ★☆☆

ステップ1
主語は Clicking on the link below と動名詞になっていて、それに空所と目的語の your agreement が続きます。to comply という不定詞以下は付属の要素です。

ステップ2
つまり、空所には述語動詞が必要なわけで、まず ing 形の (C) と不定詞の (D) を外せます。

ステップ3
主語は動名詞の Clicking ですが、動名詞は単数扱いになるので、述語動詞は三人称単数の形の (A) が正解となります。

問題・選択肢
この下のリンクをクリックすることで、このウェブサイトのサービス規約を守ることにあなたが同意したことを認めることになります。
(A) confirms　現在形（三単現）　　(B) confirm　現在形（原形）
(C) confirming　現在分詞・動名詞　(D) to confirm　不定詞

Q12　正解 (D)　関係代名詞（主格） ── 難易度 ★☆☆

ステップ1
空所の位置はカンマの次で、------ was constructed last year となっています。カンマの前の文は完全なもので、それに別の文が続いているという流れです。

ステップ2
この後の文には主語がなく、また両文をつなぐ語句もないので、主語になれて接続機能のある言葉が必要です。

ステップ3
主格の関係代名詞が入ると考えられるので、(D) which が正解になります。

問題・選択肢
エレクトロニクス・エキスポは、昨年に建設されたデルタ会議センターで開催された。
(A) it　代名詞　　　　　　　　　(B) where　関係副詞（場所）
(C) there　副詞　　　　　　　　(D) which　関係代名詞（主格）

Q13

Six weeks after the product's launch, sales of Canopy Digital's new smartphone are ------- lower than the company expected.

(A) rather
(B) soon
(C) gradually
(D) very

Q14

Crystal Ocean Hotel and its rival, Diamond Resort Inn, ------- each other across South Bay Road.

(A) locate
(B) situate
(C) face
(D) compare

単語の意味

Q13
□ launch 名 発売

Q14
□ across 前 ～を挟んで

Q13　正解 (A)　副詞の選択　　　　　　　　　　　　難易度 ★★☆

ステップ1
空所の位置は are ------ lower than で、空所は比較級の lower にかかります。

ステップ2
比較級を修飾できる副詞が必要になります。

ステップ3
(A) rather は「かなり」の意味で、比較級を修飾できるのでこれが正解です。「(売り上げは) 会社が期待したよりはかなり少ない」と文意も通ります。
(D) very (とても) は比較級を修飾できず語法的に不可です。(B) soon (まもなく) は文意に合わず、lower を修飾もできません。(C) gradually (しだいに) を使うには文が継続性を表さないといけませんが、この文は「6週間経って」と一時点のことを述べています。

問題・選択肢
製品発売から6週間経って、キャノピー・デジタルの新しいスマートフォンの売り上げは会社が期待したよりはかなり少ない。

(A) rather　かなり　　　　　　　　(B) soon　まもなく
(C) gradually　しだいに　　　　　　(D) very　とても

Q14　正解 (C)　動詞の選択　　　　　　　　　　　　難易度 ★★☆

ステップ1
空所は述語動詞の位置にあり、Crystal Ocean Hotel and its rival, Diamond Resort Inn, ------ each other となっています。

ステップ2
主語である2つのホテルが「サウス・ベイ・ロードを挟んで互いにどうなっているのか」を考えます。

ステップ3
(C) face (面する) を入れると、face each other で「互いに向かい合っている」となって、文意が通ります。
(A) と (B) は少しまぎらわしいですが、locate は「見つける」の意味で、「互いに見つけ合う」となり、意味をなしません。situate は「置く」なので、「互いに置き合う」となってしまいます。(D) compare (比較する) は迷ったときに each other から類推させるひっかけの選択肢で、ここに入れても意味をなしません。

問題・選択肢
クリスタルオーシャン・ホテルとそのライバルであるダイアモンド・インは、サウス・ベイ・ロードを挟んで互いに向かい合っている。

(A) locate　見つける　　　　　　　(B) situate　置く
(C) face　面する　　　　　　　　　(D) compare　比較する

Q15

Nora Baker and Miriam Martinez work in SK Trading's Roxas and Green Belt offices -------.

(A) conveniently
(B) respectively
(C) themselves
(D) altogether

Ⓐ Ⓑ Ⓒ Ⓓ

Q16

Director Misaki Yano will rely ------- younger designers to create a new line of jackets and outer garments.

(A) into
(B) by
(C) upon
(D) from

Ⓐ Ⓑ Ⓒ Ⓓ

単語の意味

Q16
□ garment 名服

Q15　正解 (B)　副詞の選択　　　　　　　　　　　難易度 ★★☆

ステップ1
選択肢には副詞と代名詞が混在しています。空所の位置は文尾です。

ステップ2
文意は「ノラ・ベイカーとミリアム・マルチネスは、SK貿易のロハス事務所とグリーンベルト事務所で〜働いている」で、空所に入る言葉は働く様態を表すと考えられます。

ステップ3
2人の社員が **SK Trading's Roxas and Green Belt offices** という別々のオフィスで働いているので、働く様態は **(B) respectively**（それぞれ）が適切です。(A) conveniently（便利に）や (D) altogether（完全に）は文脈に合いません。再帰代名詞の (C) themselves（彼ら自身）はこの文で使う必要性がなく、不可です。

問題・選択肢
ノラ・ベイカーとミリアム・マルチネスは、SK貿易のロハス事務所とグリーンベルト事務所でそれぞれ働いている。

(A) conveniently　副詞（便利に）　　(B) respectively　副詞（それぞれ）
(C) themselves　再帰代名詞（彼ら自身）　(D) altogether　副詞（完全に）

Q16　正解 (C)　前置詞の選択　　　　　　　　　　　難易度 ★☆☆

ステップ1
空所の位置は rely ------ younger designers となっているので、動詞 rely と目的語をつなぐ前置詞を選びます。

ステップ2
rely は自動詞で「頼る」の意味で、目的語をとるときには前置詞は on または upon を使います。

ステップ3
よって、(C) が正解になります。なお、rely は形容詞の reliant や名詞の reliance も同様に on/upon を続けて、頼るものを導きます。

問題・選択肢
ミサキ・ヤノ取締役は、ジャケットと上着の新ラインを作るのに若手のデザイナーに頼るつもりだ。

(A) into　〜の中へ　　　　　　　(B) by　〜によって
(C) upon　〜に（頼って）　　　　(D) from　〜から

Q17

The firm conducted a special campaign using famous football players to ------- its customer base.

(A) amuse
(B) broaden
(C) invite
(D) promote

Q18

The president spoke with the employees at the Macron branch ------- to hear their opinions about the company's new policies.

(A) informality
(B) informal
(C) more informal
(D) informally

単語の意味

Q17
□ base 名 基盤

Q17　正解 (B) 　動詞の選択 ──────────── 難易度 ★★☆

ステップ1
空所の位置は不定詞の中にあり、------ its customer base となっています。

ステップ2
ポイントはこの目的語 its customer base（その顧客基盤）です。

ステップ3
空所にはあくまで base（基盤）に対応する動詞を入れないといけないので、(B) broaden（広げる）が正解になります。 目的語が仮に「顧客」であれば、(A) amuse（楽しませる）や (C) invite（誘う）が正解になりえます。(D) promote（販売促進する）は目的語が商品やサービスでないとうまく結びつきません。

問題・選択肢
その会社は顧客基盤を広げるため、有名なサッカー選手を使った特別キャンペーンを実施した。

(A) amuse　楽しませる　　　　　(B) broaden　広げる
(C) invite　誘う　　　　　　　　(D) promote　販売促進する

Q18　正解 (D) 　品詞の識別（副詞）──────── 難易度 ★☆☆

ステップ1
この文は The president spoke with the employees at the Macron branch で〈S V O〉の要素が揃っています。to hear 以下は不定詞で「〜するために」という目的を表す付加的な要素です。

ステップ2
名詞では branch とつながらないかぎり浮いてしまいますが、(A) informality（形式張らないこと）では branch とつながりません。形容詞なら、branch と to を結びつけるものでなければなりませんが、informal（非公式の）はそうした役割を果たしません。(B) や (C) も不適です。

ステップ3
〈S V O〉の後で使用できる副詞しか適当なものはないので、(D) informally が正解となります。

問題・選択肢
社長は、会社の新しい方針について意見を聞くために非公式にマクロン支社の従業員たちに会った。

(A) informality　名詞　　　　　　(B) informal　形容詞
(C) more informal　形容詞（比較級）(D) informally　副詞

Q19

The new hiring policies to recruit skilled foreign analysts at Islands Securities ------- in May.

  (A) take
  (B) have taken
  (C) are taking
  (D) will be taken

Q20

Como S.p.A., is a Milan-based fabric ------- specializing in synthetic products such as rayon, nylon and polyester.

  (A) supply
  (B) supplies
  (C) supplier
  (D) supplement

単語の意味

Q19
□ skilled　形 熟練の
□ analyst　名 分析担当者；アナリスト
□ securities　名 証券（会社）

Q20
□ fabric　名 繊維
□ synthetic　形 合成の
□ polyester　名 ポリエステル

Q19 正解 (D) 動詞の形（受動態） ―― 難易度 ★★☆

ステップ1

この文は The new hiring policies to recruit skilled foreign analysts at Islands Securities が長い主語になっていることをまず押さえましょう。「アイランズ証券の熟練の外国人アナリストを採用するという新しい方針」の意味です。この主語に対応する述語動詞が問われているのです。

ステップ2

take policies で「方針を実施する」ですが、ここでは主語に **policies** がきているので、動詞は「実施される」と受動態でないといけません。

ステップ3

選択肢で受動態なのは **(D) will be taken** だけです。

問題・選択肢

アイランズ証券の熟練の外国人アナリストを採用するという新しい方針は、5月に実施される。

(A) take　原形　　　　　　　　　　(B) have taken　現在完了
(C) are taking　現在進行形　　　　 (D) will be taken　未来形（受動態）

Q20 正解 (C) 品詞の識別（名詞） ―― 難易度 ★★☆

ステップ1

空所はこの文の補語の位置にあり、a Milan-based fabric ------ specializing in synthetic products となっています。

ステップ2

a があることから空所に入るのは名詞で、しかも単数です。選択肢はすべて名詞でも使えますが、(B) supplies は複数なので、まずこれを外せます。

ステップ3

Milan-based（ミラノに拠点を置く）と、**specializing in synthetic products**（合成製品に特化している）から、空所には会社に近い名詞が入ると想定できます。
(A) supply は「用品」、(C) supplier は「供給業者；サプライヤー」、(D) supplement は「栄養補助食品；サプリメント」なので、(C) が正解となります。

問題・選択肢

コモ社はミラノに拠点を置く繊維サプライヤーで、レーヨンやナイロン、ポリエステルなどの合成製品に特化している。

(A) supply　名詞・動詞（原形）　　　(B) supplies　名詞・動詞（三単現）
(C) supplier　名詞　　　　　　　　　(D) supplement　名詞

Q21

------- of the transport companies decided to accept fewer orders to shorten their drivers' work hours.

(A) Any
(B) Every
(C) Several
(D) Either

Q22

Mr. Singh sent out an e-mail ------- anyone interested in the training seminar to sign up before the registration deadline on Friday.

(A) stating
(B) praising
(C) offering
(D) reminding

単語の意味

Q21
□ transport 名 運送

Q22
□ deadline 名 締め切り(日)

Q21　正解 (C)　不定代名詞 (several)　——　難易度 ★★☆

ステップ1
選択肢にはさまざまな不定代名詞と形容詞が並びます。空所の位置は ------ of the transport companies となっていて、この文の主語を構成します。

ステップ2
まず〈------ of 名詞〉という形に注目すると、(B) Every は形容詞なので、直接名詞を続けないといけません。まず (B) を外せます。**次に文意を考えると、この文は「運送会社の〜は、運転手の労働時間を短縮するために受注削減を受け入れることを決めた」となります。**

ステップ3
(C) Several を選んで「運送会社の数社は」とすれば文意が通ります。(A) Any を使う any of は肯定文では「〜のうちのいずれか」の意味で、選択や条件が設定される場面で使います。(D) Either を使う either of は「2つあるもののうちどちらか」でこの文の状況に合いません。

問題・選択肢
運送会社の数社は、運転手の労働時間を短縮するために受注削減を受け入れることを決めた。
(A) Any　不定代名詞（いずれか）　　(B) Every　形容詞（すべての）
(C) Several　不定代名詞（いくつか）　(D) Either　不定代名詞（どちらか）

Q22　正解 (D)　動詞の選択　——　難易度 ★★☆

ステップ1
e-mail にかかる現在分詞を選ぶ問題です。

ステップ2
e-mail 以下は「研修セミナーに興味を持っているすべての人に、登録締め切り日の金曜の前に登録することを〜するメール」となります。

ステップ3
(D) reminding を入れると、「研修セミナーに興味を持っているすべての人に注意喚起するメール」となり、文意が通ります。この動詞は〈remind O to do〉の形が可能です。
(A) の state は人を目的語にとれず、〈state that 〜〉の形で使います。(B) の praise（ほめる）や (C) の offer（提供する）はこの文脈に合いません。

問題・選択肢
シンさんは、研修セミナーに興味を持っているすべての人に、登録締め切り日の金曜の前に登録することを注意喚起するメールを送った。
(A) stating　述べる　　　　(B) praising　ほめる
(C) offering　提供する　　 (D) reminding　注意喚起する

Q23

These contract terms may not be changed without signatories' written -------.

(A) consent
(B) estimate
(C) invoice
(D) receipt

Q24

The Common Rooms at the Eli Township Community Center can be used for ------- purposes, such as meetings or lessons.

(A) managerial
(B) extended
(C) multiple
(D) concise

単語の意味

Q23
□ terms 名条項；条件
□ signatory 名署名者

Q24
□ common room　交流室
□ township 名郡区
□ purpose 名目的

Q23　正解 (A)　名詞の選択　　　　　　　　　　　　難易度 ★★☆

ステップ1
空所の位置は without signatories' written ------ と、前置詞以下の付属の部分にあります。

ステップ2
文意は「これらの契約条項は、署名者の書面の〜がない限り変更できません」です。

ステップ3
「署名者の書面の何がないと契約条項が変えられないか」を考えると、(A) consent（同意）が適切だとわかります。 他の選択肢はいずれも書類を表す名詞で少しまぎらわしいですが、契約書の変更の要件になるものではありません。

問題・選択肢
これらの契約条項は、署名者の書面の同意がない限り変更できません。

(A) consent　同意
(B) estimate　見積もり
(C) invoice　請求書
(D) receipt　領収書

Q24　正解 (C)　形容詞の選択　　　　　　　　　　　　難易度 ★★☆

ステップ1
空所の位置は for ------ purposes, such as meetings or lessons で、「会議や稽古のような〜な目的のために」となります。

ステップ2
コミュニティセンターの交流室が使われる目的は会議や稽古などさまざまです。

ステップ3
そこで、(C) multiple（数多くの）を選ぶと文意が通ります。
(A) managerial（経営の）は、meetings や lessons が経営に関するものかどうかわからないので不適です。(B) extended（延長された）では目的がさまざまあることを表すことができません。(D) concise は「簡潔な」の意味で、purpose を形容するのも少しおかしく、また文脈にも合いません。

問題・選択肢
エリ・タウンシップ・コミュニティセンターの交流室は、会議や稽古など多目的に利用することができる。

(A) managerial　経営の
(B) extended　延長された
(C) multiple　数多くの
(D) concise　簡潔な

Q25

Buena Vista Travel welcomes applications from all qualified applicants ------- their nationalities.

(A) aside from
(B) in charge of
(C) regardless of
(D) on account of

Ⓐ Ⓑ Ⓒ Ⓓ

Q26

------- poorly this year's interns are trained, Personnel Manager Boris Durham believes that they have good potential to grow.

(A) So
(B) Yet
(C) However
(D) Although

Ⓐ Ⓑ Ⓒ Ⓓ

単語の意味

Q25
□ qualified　形 有能な
□ nationality　名 国籍

Q26
□ potential　名 潜在能力

Q25 正解 (C)　イディオムの選択　　　　　　　　　　難易度 ★★☆

ステップ 1
空所の位置は ------ their nationalities で、「彼らの国籍」がどうなのかに注目します。

ステップ 2
空所の前までの文意は「ブエナビスタ・トラベルは、すべての有能な候補者からの応募を歓迎します」です。

ステップ 3
「国籍を問わず」に「すべての有能な候補者からの応募を歓迎する」となると想定できるので、**(C) regardless of**（～にかかわらず）を選びます。(A) aside from では「国籍は例外として」と意味をなしません。(B) in charge of は「担当；責任」を、(D) on account of は「理由」を表し、この文には合いません。

問題・選択肢
ブエナビスタ・トラベルは、国籍にかかわらず、すべての有能な候補者からの応募を歓迎します。
(A) aside from　～は例外として　　(B) in charge of　～を担当して
(C) regardless of　～にかかわらず　(D) on account of　～のために

Q26 正解 (C)　副詞の選択　　　　　　　　　　　　難易度 ★★☆

ステップ 1
選択肢には副詞と接続詞が混在しています。文意を見ると、カンマまでは「今年のインターンは訓練が欠けている」、カンマの後は「人事部長のボリス・ダーラムは彼らが成長する大きな潜在能力をもっていると考えている」。

ステップ 2
前後半で相反することを言っていて、かつ poorly が前に出ているので、これを修飾して後ろにつなぐ言葉が必要です。

ステップ 3
(C) However は「どれほど～であっても」と、後続の副詞や形容詞を修飾しつつ「譲歩」の意味を出せる副詞で、これが適切です。(A) So は poorly を修飾できても、後ろにつながりません。(B) Yet と (C) Although には逆接の意味がありますが、poorly を修飾して譲歩の文をつくることはできません。

問題・選択肢
今年のインターンは訓練がどれほど欠けていようとも、人事部長のボリス・ダーラムは彼らが成長する大きな潜在能力をもっていると考えている。
(A) So　副詞（それほど）　　　　　(B) Yet　接続詞（しかし）
(C) However　副詞（どれほど～でも）(D) Although　接続詞（～だけれども）

Q27

Waterfront Conference Hall is an ideal ------- for large business and association gatherings.

(A) suite
(B) land
(C) destination
(D) venue

Q28

The company isn't ------- for any defects and malfunctions caused by users' misuse.

(A) patient
(B) dedicated
(C) liable
(D) voluntary

単語の意味

Q27
□ ideal 形 理想的な
□ association 名 団体

Q28
□ defect 名 欠陥
□ malfunction 名 故障
□ misuse 名 誤用

Q27　正解 (D)　名詞の選択　　　　　　　　　　　難易度 ★★☆

ステップ1
選択肢には場所を表す名詞が並びます。空所の名詞を修飾する形容詞は ideal（理想的な）ですが、この部分だけでは絞りきれません。

ステップ2
全体の文意は「ウォーターフロント会議ホールは、企業や団体の大きな会合に理想的な〜だ」です。

ステップ3
(D) venue（会場）がぴったりです。主語が「会議ホール」なので、(A) suite（スイートルーム）、(B) land（土地）、(C) destination（目的地）はどれもうまく合いません。

問題・選択肢
ウォーターフロント会議ホールは、企業や団体の大きな会合に理想的な会場だ。
(A) suite　スイートルーム　　　　(B) land　土地
(C) destination　目的地　　　　　(D) venue　会場

Q28　正解 (C)　形容詞の選択　　　　　　　　　　難易度 ★★☆

ステップ1
空所の位置は The company isn't ------ for 〜で、be 動詞に続き、後ろに for を従えています。

ステップ2
文意は「会社は、ユーザーの誤用によって引き起こされるいかなる欠陥や故障にも〜しません」です。

ステップ3
「ユーザーの誤用による欠陥や故障に会社はどう対応するか」を考えれば、**(C) liable（責任がある）を選んで、「責任を負わない」とすれば文意が通ります。**〈be liable for 〜〉（〜に責任がある）の形で使うこともヒントになります。他の選択肢はどれも意味的に合わず、また〈be 形容詞 for 〜〉の形でも使いません。

問題・選択肢
会社は、ユーザーの誤用によって引き起こされるいかなる欠陥や故障にも責任を負いかねます。
(A) patient　忍耐強い　　　　　　(B) dedicated　献身的な
(C) liable　責任がある　　　　　　(D) voluntary　自主的な

Q29

------- their expectations, Prime Shoe Mart's new boots aren't popular among the young.

(A) Except for
(B) Contrary to
(C) Based on
(D) As for

Q30

Since bilingual customer service employees are especially needed by international companies, they ------- get higher salaries.

(A) exactly
(B) consequently
(C) efficiently
(D) formally

単語の意味

Q29
□ expectation 名 期待

Q30
□ especially 副 特に

Q29 正解 (B) イディオムの選択 ——————— 難易度 ★★☆

ステップ1
空所の位置は ------ their expectations, で、「彼らの期待に〜」となっています。

ステップ2
カンマ以下の文は「プライム・シュー・マートの新しいブーツは若者の間で人気がない」で、「期待」と反対の関係になっています。

ステップ3
反対の関係を表すのは (B) Contrary to（〜に反して）で、これを入れると「彼らの期待に反して」となって、後続の文にうまくつながります。 (A) Except for（〜を除いて）は「除外」、(C) Based on（〜に基づいて）は「依拠」、(D) As for（〜については）は「テーマ」をそれぞれ表し、この文を成立させることができません。

問題・選択肢
期待に反して、プライム・シュー・マートの新しいブーツは若者の間で人気がない。
(A) Except for　〜を除いて　　　　(B) Contrary to　〜に反して
(C) Based on　〜に基づいて　　　　(D) As for　〜については

Q30 正解 (B) 副詞の選択 ——————— 難易度 ★★★

ステップ1
空所の位置は they ------ get higher salaries で、「彼らは〜高給を得ている」という意味です。

ステップ2
前半の文意を見ると、「2言語対応の顧客サービスの社員が特にグローバル企業で必要になっているので」となっています。

ステップ3
「2言語対応の顧客サービスの社員が求められている」→「高給を得ている」という流れです。**(B) consequently（結果として）を入れると、前後半をうまくつなぐことができます。** 他の選択肢の副詞はいずれも、この文に必要な因果関係をつくりだすことができません。

問題・選択肢
2言語対応の顧客サービスの社員が特にグローバル企業で必要になっているので、彼らは結果として高給を得ている。
(A) exactly　正確に　　　　　　　(B) consequently　結果として
(C) efficiently　効率的に　　　　　(D) formally　公式に

TARGET 600

DAY 7

実戦練習 No.2

30問

 解答時間
600点目標：**15分**
高得点目標：**10分**

✓「実戦練習」では、Part 5 に出る全種の問題をランダムに出題しています。本番の Part 5 を解くつもりで、時間も意識しながら解答してみましょう。

✓ 問題を解いたら、解説を読んでしっかり理解しておきましょう。また、日をおいて、2回、3回とトライしてみましょう。

Q1

Please return your nametag at the front desk ------- you leave the building.

(A) on
(B) before
(C) while
(D) that

Q2

Visitors to Argo's fulfillment center must ------- at all times by a member of the facilities department.

(A) accompany
(B) accompanying
(C) be accompanied
(D) to accompany

単語の意味

Q2
□ fulfillment center　配送センター

Q1　正解 (B)　接続詞の選択　　　　　　　　　　　難易度 ★☆☆

ステップ1
選択肢には前置詞と接続詞が混在しています。空所の位置は ------ you leave the building で、空所の後が文になっているので、まず前置詞の (A) on を外せます。

ステップ2
文意は、空所の前までは「名札を受付に返却してください」、空所の後は「建物を出る」。

ステップ3
接続詞の **(B) before**（〜の前に）を入れれば前後がうまくつながります。(C) while（〜の間）は leave（出る）という1回限りの行為と矛盾し、文意をなしません。(D) that（〜ということ）では前の文につながりません。

問題・選択肢
建物を出る前に、名札を受付に返却してください。
(A) on　　前置詞（〜のとき）　　　　　(B) before　接続詞・前置詞（〜の前に）
(C) while　接続詞（〜の間）　　　　　　(D) that　接続詞（〜ということ）

Q2　正解 (C)　動詞の形（受動態）　　　　　　　　　難易度 ★★☆

ステップ1
空所は must の次にあり、空所の後は付属の要素です。述語動詞が必要ですが、助動詞の後は原形にする必要があります。ここから、ing 形の (B) と不定詞の (D) を外せます。

ステップ2
次に態を考えます。主語は「アーゴ配送センターの訪問客」で、動詞は accompany（同伴する）です。また、**最後に by a member of the facilities department** があり、「訪問客は施設部のメンバーによって同伴される」と考えられます。

ステップ3
空所には受動態が必要になるので〈be + 過去分詞〉の形の **(C)** が正解です。

問題・選択肢
アーゴの配送センターの訪問客は常に施設部のメンバーに同伴されていなければならない。
(A) accompany　原形　　　　　　　　　(B) accompanying　現在分詞・動名詞
(C) be accompanied　be + 過去分詞　　(D) to accompany　不定詞

Q3

Finding a suitable replacement for Mr. Vietor is taking longer than ------- expected, so he has agreed to postpone his retirement.

(A) we
(B) us
(C) our
(D) ours

Q4

Upon ------- at Kyoto Station, please go out of the north exit and proceed north to Kyoto Tower.

(A) arrive
(B) arrived
(C) arrival
(D) arrivals

単語の意味

Q3
□ suitable　形 適当な
□ replacement　名 後任
□ retirement　名 退社；退任

Q4
□ proceed　自 進む

Q3 正解 (A) 代名詞（主格） ──────────── 難易度 ★★☆

ステップ1

空所の位置は、is taking longer than ------ expected です。than は接続詞で、空所の後ろは動詞で主語の要素がありません。

ステップ2

したがって、主語になれる (A) we と (D) ours が候補で、目的格の (B) us と所有格の (C) our は除外できます。

ステップ3

文意を考えると、「私たちが予測した」とするのが自然なので、**(A) we が正解とわかります。**(D) ours では「私たちのものが予測した」と、意味不明の文になります。

問題・選択肢

ヴィエターさんの適当な後任を見つけるのは私たちが予想したよりも時間がかかっていて、そこで彼は退社を延期することに合意した。

(A) we　主格　　　　　　　　　　(B) us　目的格
(C) our　所有格　　　　　　　　　(D) ours　所有代名詞

Q4 正解 (C) 品詞の識別（名詞） ──────────── 難易度 ★☆☆

ステップ1

空所の位置は Upon ------ at Kyoto Station, で、空所は前置詞と前置詞に挟まれています。

ステップ2

この位置に入るのは名詞以外にありません。動詞原形の (A) arrive と過去・過去分詞の (B) arrived をまず外せます。

ステップ3

名詞は単数の (C) arrival と複数の (D) arrivals がありますが、**「到着」という意味で使うときには不可算名詞の arrival です。**意味は「京都駅に到着したら」となります。**(C) が正解。**arrivals と複数にするのは、「到着した人・もの・フライト」などを表す場合です。

問題・選択肢

京都駅に到着したら、北出口から出て、京都タワーに向かって北に進んでください。

(A) arrive　動詞（原形）　　　　　(B) arrived　過去・過去分詞
(C) arrival　名詞（単数）　　　　　(D) arrivals　名詞（複数）

Q5

This e-alert will be sent to your ------- e-mail address as soon as the latest e-statements are available.

(A) regarded
(B) designated
(C) involved
(D) operated

Q6

Drivers are advised to take ------- routes while repaving work to Salisbury Road is underway.

(A) reliable
(B) opposite
(C) alternative
(D) diverse

単語の意味

Q5
□ e-statement 名 電子明細書

Q6
□ repave 他 再舗装する
□ underway 形 進行中で

Q5 正解 (B) 動詞の選択 —————————— 難易度 ★★☆

ステップ1
選択肢にはさまざまな動詞の過去分詞が並んでいます。文意は「このeアラートは、最新の電子明細書が準備できればすぐにお客様の～メールアドレスに送付されます」です。

ステップ2
「eアラートがどんなメールアドレスに送られるか」を考えます。

ステップ3
(B) designated を選んで「指定されたメールアドレス」とするのが自然です。 他の選択肢はどれも your ------ e-mail address の空所にしっくりせず、また全体としても文意をなしません。

問題・選択肢
このeアラートは、最新の電子明細書が準備できればすぐにお客様の指定されたメールアドレスに送付されます。

(A) regarded　評価された　　　　　(B) designated　指定された
(C) involved　含まれた　　　　　　(D) operated　運営された

Q6 正解 (C) 形容詞の選択 —————————— 難易度 ★☆☆

ステップ1
文意は「ソールズベリー・ロードの再舗装工事が進行している間、ドライバーは～ルートを通るようお願いします」です。

ステップ2
工事中にドライバーにしてほしいことをアドバイスする案内文と考えられます。

ステップ3
(C) alternative を選んで take alternative routes として「別のルートを通る」とすれば文意が通ります。 (A) reliable (信頼できる) や (D) diverse (多様な) では、漠然としすぎていてドライバーへのアドバイスになりません。(B) opposite (反対の) はここでは意味をなしません。the opposite lane (対向車線) のように使います。

問題・選択肢
ソールズベリー・ロードの再舗装工事が進行している間、ドライバーは別のルートを通るようお願いします。

(A) reliable　信頼できる　　　　　(B) opposite　反対の
(C) alternative　別の；代わりの　　(D) diverse　多様な

Q7

In order ------- the assembly lines to be kept efficient, working shift schedules should be properly managed.

(A) to
(B) that
(C) for
(D) as

Ⓐ Ⓑ Ⓒ Ⓓ

Q8

Ms. Tan prefers to plan business trips ------- rather than using the company's travel agency to handle hotel and flight arrangements.

(A) she
(B) her
(C) hers
(D) herself

Ⓐ Ⓑ Ⓒ Ⓓ

単語の意味

Q7
□ efficient 形 効率的な
□ properly 副 適切に

Q8
□ travel agency 旅行代理店
□ handle 他 取り扱う
□ arrangement 名 手配

Q7 正解 (C) 前置詞の選択 —— 難易度 ★★☆

ステップ1
空所の位置は In order ------ the assembly lines to be kept efficient, です。

ステップ2
to 不定詞の部分である「効率的に保たれる」に対して、the assembly line(組み立てライン)が主語になると考えられます。

ステップ3
不定詞の主語は〈for 主語 to do〉の形で表すので、前置詞の for が必要と考えて (C) を選びます。〈in order for 主語 to do〉の形で、「主語が〜するように」と目的を表せます。他の選択肢では不定詞の主語を導けません。

問題・選択肢
組み立てラインが効率的であり続けるように、業務シフトのスケジュールは適切に管理されるべきだ。

(A) to　前置詞　　　　　　　　　(B) that　接続詞
(C) for　前置詞・接続詞　　　　　(D) as　前置詞・接続詞

Q8 正解 (D) 再帰代名詞 —— 難易度 ★★☆

ステップ1
空所の位置は、Ms. Tan prefers to plan business trips ------ rather than です。この位置に主格が入ることはないので、まず (A) she を外せます。目的語は business trips がすでにあり、また、空所の次は名詞ではないので、目的格・所有格の (B) her も不可です。

ステップ2
所有代名詞の (C) hers は主語や目的語になるので、やはりこの空所に入れることはできません。

ステップ3
再帰代名詞は「自分自身で」と副詞的に使えるので、この空所の位置に合います。(D) herself が正解です。

問題・選択肢
タンさんは、会社の旅行代理店を使ってホテルや飛行機の手配をするよりも、自分自身で出張を計画する方を好む。

(A) she　主格　　　　　　　　　(B) her　所有格・目的格
(C) hers　所有代名詞　　　　　　(D) herself　再帰代名詞

Q9

Harper Car Hire's agents inspect cars for ------- scratches or dents before and after each rental.

(A) notice
(B) noticing
(C) noticeable
(D) noticeably

Q10

While ------- to the Helen Monahan Museum is free, visitors are asked to make a small voluntary donation if possible.

(A) exhibition
(B) admission
(C) presence
(D) acceptance

単語の意味

Q9
□ inspect 他 点検する
□ scratch 名 ひっかき傷
□ dent 名 凹み

Q10
□ voluntary 形 自発的な
□ donation 名 寄付

Q9　正解 (C)　品詞の識別（形容詞） ───── 難易度 ★★☆

ステップ1
空所の位置は for ------ scratches or dents で、前置詞の後・名詞の前なので、入るのは形容詞か名詞です。まず、副詞の (D) を外せます。

ステップ2
(B) noticing は、現在分詞ととっても（気づくひっかき傷や凹み）、動名詞ととっても（ひっかき傷や凹みに気づくこと）、inspects cars for とうまくつながりません。名詞の (A) notice（通知）では後につながらないので、これも不適です。

ステップ3
形容詞の (C) noticeable は「目立つ」の意味で使い、「目立つひっかき傷や凹みがないか車を点検する」と文意が通ります。

問題・選択肢
ハーパー・カーハイアの取扱業者は、すべての貸し出しの前と後に目立つひっかき傷や凹みがないか車を点検する。

(A) notice　名詞・動詞　　　　　　(B) noticing　現在分詞・動名詞
(C) noticeable　形容詞　　　　　　(D) noticeably　副詞

Q10　正解 (B)　名詞の選択 ───── 難易度 ★★☆

ステップ1
空所は前半の文にあって、「ヘレン・モナハン美術館への〜は無料だが」となっています。また、後半は「訪問者は可能なら少額の自発的な寄付をすることを求められる」。

ステップ2
「美術館の訪問者の何が無料か」を考えます。

ステップ3
無料であるのは (B) admission（入場）のはずです。これが正解。(A) exhibition（展示会）は美術館から想像させるひっかけの選択肢で、空所に入れても意味をなしません。(C) presence（出席）はニュアンスが違いますし、前置詞は at を使います。(D) acceptance は要請などに対する「受け入れ；受諾」の意味で、美術館などへの物理的な入場には使えません。

問題・選択肢
ヘレン・モナハン美術館への入場は無料だが、訪問者は可能なら少額の自発的な寄付をすることを求められる。

(A) exhibition　展示会　　　　　　(B) admission　入場
(C) presence　出席　　　　　　　　(D) acceptance　受け入れ

Q11

The travel prices displayed on the Web site will vary ------- on availability.

(A) depending
(B) depended
(C) dependably
(D) dependence

Ⓐ Ⓑ Ⓒ Ⓓ

Q12

The new security rules have been put in ------- to prevent unexpected accidents on the factory floor.

(A) role
(B) effort
(C) place
(D) method

Ⓐ Ⓑ Ⓒ Ⓓ

単語の意味

Q11
□ vary 　自 変化する

Q12
□ prevent 　他 防ぐ
□ unexpected 　形 予期しない；不測の
□ factory floor 　工場現場

Q11　正解 (A)　品詞の識別 (現在分詞) ――――― 難易度 ★★☆

ステップ1
空所の位置は will vary ------ on availability で、動詞 vary と前置詞 on の間です。また、動詞の vary (変化する) は自動詞であることを押さえましょう。

ステップ2
自動詞は目的語をとらないので、空所に名詞がくることはなく、まず、名詞の (D) dependence を外せます。

ステップ3
空所の次の **on** に着目すると、**depend on** で「~に依存する」となるので、これを現在分詞にすれば **depending on availability** (予約状況に依存して) となり、**vary** とうまくつながります。よって、**(A) depending** が正解です。
過去分詞の (B) depended では「予約状況に依存されて変化する」と意味をなしません。副詞の (C) dependably は「信頼して」の意味で、「信頼して変化する」とおかしな意味になります。

問題・選択肢
ウェブサイトに表示されている旅行の価格は予約状況によって変化します。
(A) depending　現在分詞　　　(B) depended　過去分詞
(C) dependably　副詞　　　　(D) dependence　名詞

Q12　正解 (C)　イディオムの完成 ――――― 難易度 ★★☆

ステップ1
空所の位置は The new security rules have been put in ------ で、「新しい安全規則が~している」の意味です。put in ------ で意味をなすと当たりをつけます。

ステップ2
to 以下は「工場の現場での不測の事故を防ぐために」で、そのために安全規則は「施行されている;実施されている」と考えられます。

ステップ3
(C) place を選んで、**put in place** とすればこの意味を出せます。(B) effort は put in (an) effort で「努力をする」の意味で、この文には合いません。(A) role (役割) と (D) method (手法) は put in と一緒に使う用法がありません。

問題・選択肢
工場の現場での不測の事故を防ぐために、新しい安全規則が施行されている。
(A) role　役割　　　　　　　(B) effort　努力
(C) place　施行;実施　　　　(D) method　手法

Q13

The committee members are discussing ------- cloud service would best suit our company's needs.

(A) why
(B) when
(C) which
(D) how

Q14

Staff in the Marketing Department must submit their monthly expense reports no ------- than the 20th every month.

(A) more
(B) less
(C) later
(D) further

単語の意味

Q13
□ suit 他 合う；最適である

Q14
□ submit 他 提出する

Q13　正解 (C)　疑問詞の選択　　　　　　　　　　　難易度 ★☆☆

ステップ1
空所は動詞 are discussing の後にあり、空所の前には先行詞に当たる名詞がないので、並んでいる選択肢は疑問詞と考えられます。

ステップ2
空所以降は、------ cloud service would best suit our company's needs となっていて、cloud service を限定する語がないことに着目します。

ステップ3
(C) which を選べば、「どのクラウドサービスが我々の会社に合うかを話し合っている」と文意が通るようになります。 他の疑問詞を使うには、cloud service の前に the や that などの限定詞が必要です。ただ、そうであっても、全体としておかしな文意になってしまいます。

問題・選択肢
委員会のメンバーは、どのクラウドサービスが我々の会社のニーズに合うかを話し合っている。

(A) why　なぜ
(B) when　いつ
(C) which　どの
(D) how　どのように

Q14　正解 (C)　比較級　　　　　　　　　　　　　難易度 ★★☆

ステップ1
空所の位置は no ------ than 20th every month で、「毎月20日〜」です。

ステップ2
また、主文は「マーケティング部のスタッフは月次の経費報告書を提出しなければならない」なので、「毎月20日」は提出期限と考えられます。

ステップ3
(C) later を選んで、no later than とすると「〜より遅れることのないように」→「〜まで」と期限を表すことができます。 (A) more や (B) less を使った no more [less] than は数量を形容する表現です。(D) further は far の比較級で、no further than で距離・程度を限定します。

問題・選択肢
マーケティング部のスタッフは、毎月20日までに月次の経費報告書を提出しなければならない。

(A) more　もっと多く
(B) less　もっと少なく
(C) later　より後に
(D) further　さらに

Q15

The Floating Mosque, the city's new landmark, will ------- especially to tourists from abroad.

  (A) attract
  (B) interest
  (C) appeal
  (D) entertain

Q16

To complete the new development plan, ------- between the design and construction divisions is crucial.

  (A) coordination
  (B) operation
  (C) permission
  (D) commission

単語の意味

Q15
□ landmark 名名所

Q16
□ division 名部
□ crucial 形きわめて重要な

Q15　正解 (C)　動詞の選択　　　　　　　　　　　　難易度 ★★☆

ステップ1

空所は述語動詞の位置にあり、文意は「市の新しい名所である水上モスクは、特に海外からの旅行者を～だろう」です。

ステップ2

意味的にはどれも当てはまるように思えます。そこで、especially の後にある to に着目します。

ステップ3

to を介して目的語の tourists が続いているので、空所の動詞は自動詞でないといけません。自動詞として使うのは (C) appeal のみです。(A) attract、(B) interest、(D) entertain はいずれも他動詞なので不可です。to がなければこれらが正解になります。

問題・選択肢

市の新しい名所である水上モスクは、特に海外からの旅行者を魅了するだろう。
(A) attract　魅了する
(B) interest　関心をもたせる
(C) appeal　魅了する
(D) entertain　楽しませる

Q16　正解 (A)　名詞の選択　　　　　　　　　　　　難易度 ★★☆

ステップ1

空所は between の前にあり、2つのものを結びつける意味をもつ名詞が入ると推測できます。

ステップ2

2つのものは「設計部」と「建設部」です。

ステップ3

(A) coordination は「連携」の意味で、これを入れると「設計部と建設部の連携がきわめて重要だ」となり、文意が通ります。
他の選択肢の名詞はどれも、between 以下と意味的にうまくつながりません。

問題・選択肢

新しい開発計画を完了するには、設計部と建設部の連携がきわめて重要だ。
(A) coordination　連携
(B) operation　運営
(C) permission　許可
(D) commission　委任

Q17

BRB Manufacturing's president ------- employees that the Bunduk plant would stay open even after the merger with Seng Industries.

(A) assuring
(B) assurance
(C) assuredly
(D) assured

Q18

Xeni Corporation's tablet computer features a screen made of a special glass, ------- repels oil and dirt to keep the display clean.

(A) who
(B) which
(C) there
(D) it

単語の意味

Q17
□ merger 名合併

Q18
□ feature 他特徴とする
□ repel 他はじく
□ dirt 名ほこり

Q17 正解 (D) 品詞の識別（動詞） ────── 難易度 ★★☆

ステップ1
まず that に注目します。この that の後ろは 〈S V〉の完全な文になっているので、that は関係代名詞ではなく、接続詞だとわかります。つまり、**that の前にこの節を導く動詞が必要になります**。

ステップ2
そこで that の前を見ると、BRB Manufacturing's president ------ employees となっていて述語動詞がありません。

ステップ3
したがって、述語動詞の形の **(D) assured** が正解です。assure は「保証する」という意味で、〈assure O that ～〉で「O に～ということを保証する」となります。

問題・選択肢
BRBマニュファクチャリングの社長は、セン・インダストリーズとの合併後もブンダック工場が操業を続けることを社員に保証した。

(A) assuring　現在分詞・動名詞　　(B) assurance　名詞
(C) assuredly　副詞　　　　　　　　(D) assured　動詞（過去）

Q18 正解 (B) 関係代名詞（主格・モノ） ────── 難易度 ★★☆

ステップ1
空所の位置は a screen made of a special glass, ------ repels oil and dirt となっていて、カンマを挟んで、空所・動詞がきています。前半の文はカンマまでで完結しているので、空所には前後をつなぐ要素が必要になります。

ステップ2
副詞の (C) there や代名詞の (D) it には文をつなぐ機能はないので、どちらも不適当です。

ステップ3
空所の次の repels は動詞なので、a screen made of a special glass を先行詞とする主格の関係代名詞がくればうまくつながります。(A) who、(B) which ともに主格の関係代名詞ですが、先行詞はモノなので、正解は (B) です。

問題・選択肢
ゼニ・コーポレーションのタブレット PC は、特殊なガラスでできたモニターを特徴とし、それは油やほこりをはじき、ディスプレーをきれいに保つ。

(A) who　関係代名詞　　　　　(B) which　関係代名詞
(C) there　副詞　　　　　　　　(D) it　代名詞

Q19

Over the past five years, Danube Software ------- graduates from Budapest University for its programmer positions.

(A) is hiring
(B) has hired
(C) was hiring
(D) has been hired

Q20

The meeting date was switched from the 21st to the 22nd in order to ------- Ms. Yaxley's travel schedule.

(A) adapt
(B) determine
(C) accommodate
(D) renew

単語の意味

Q20
□ switch 他 変更する

Q19 正解 (B)　動詞の形（現在完了）　　　　　　　　　難易度 ★☆☆

ステップ 1
選択肢にはさまざまな時制・態の形が並んでいて、空所に入る述語動詞を選ぶ問題です。

ステップ 2
ヒントは冒頭の Over the past five years, で、これは「過去5年にわたって」と過去から現在までの期間を表します。これに対応する動詞の時制は現在完了が適切です。(B) has hired か (D) has been hired に絞れます。

ステップ 3
態は、Danube Software という会社が主語で、graduates（卒業生）が目的語なので、「採用する」と能動態が適切です。よって、(B) が正解となります。

問題・選択肢
過去5年にわたって、ダニューヴ・ソフトウエアは、プログラマーの仕事にブダペスト大学の卒業生を採用してきた。

(A) is hiring　現在進行形　　　　　　(B) has hired　現在完了
(C) was hiring　過去進行形　　　　　(D) has been hired　現在完了（受動態）

Q20 正解 (C)　動詞の選択　　　　　　　　　　　　　　難易度 ★★★

ステップ 1
空所の位置は in order to ------ Ms. Yaxley's travel schedule で、「ヤクスレイさんの旅行スケジュール～するために」の意味です。文の前半は「会議の日程は21日から22日に変更された」となっています。

ステップ 2
「旅行スケジュールをどうするために会議の日程が変更されたか」を考えます。

ステップ 3
(C) accommodate を選べば「旅行スケジュールに配慮するために」となり、文意が通ります。(A) adapt は自動詞で「適応する」、他動詞で「適応させる」の意味で、〈adapt to A〉、〈adapt A to B〉の形をとります。(B) determine（決定する）や (D) renew（更新する）では文意がおかしくなります。

問題・選択肢
ヤクスレイさんの旅行スケジュールに配慮するために、会議の日程は21日から22日に変更された。

(A) adapt　適応する・適応させる　　　(B) determine　決定する
(C) accommodate　配慮する　　　　　(D) renew　更新する

Q21

The first hundred shoppers to visit Body Garden's new Singapore branch will receive a ------- jar of hand lotion.

(A) solid
(B) various
(C) demonstrative
(D) complimentary

Q22

------- to follow the safety instructions could result in fire, electric shock or damage to the device.

(A) Lack
(B) Concern
(C) Failure
(D) Attention

Q21
□ jar 名 瓶

Q22
□ instructions 名 指示
□ device 名 機器

Q21　正解 (D)　形容詞の選択　　　　　　　　　　　難易度 ★★☆

ステップ1
空所の位置は a ------ jar of hand lotion で、空所の形容詞は jar（瓶）を修飾します。「どんな1瓶のハンドローションなのか」を文脈から考えます。

ステップ2
主語は「ボディー・ガーデンの新しいシンガポール支店を訪れる最初の100人の買物客」で、こうした人たちがもらえるということなので、**ハンドローションはプレゼントや試供品と考えられます。**

ステップ3
(D) complimentary（無料の）がぴったりです。(A) solid（硬い）は jar を修飾はできますが、文全体に合いません。(B) various（さまざまな）を使うには後ろに複数の単語がこなければなりません。(C) demonstrative は、demonstration（実演販売）から連想させるひっかけの選択肢で、実際の意味は「大げさな」です。

問題・選択肢
ボディー・ガーデンの新しいシンガポール支店を訪れる最初の100人の買物客は無料のハンドローション1瓶をもらえる。

(A) solid　硬い
(B) various　さまざまな
(C) demonstrative　大げさな
(D) complimentary　無料の

Q22　正解 (C)　名詞の選択　　　　　　　　　　　難易度 ★★☆

ステップ1
文意は「安全指示に従うことが～と、火災、感電、機器への損害につながることがある」です。

ステップ2
安全指示に従えば、火災、感電、機器への損害は発生しないので、空所には「無作為」を表す単語が入ると推測できます。

ステップ3
(C) Failure は「～しないこと」の意味で、不定詞を続けられます。「安全指示に従わないと」となるので、これが正解です。(A) Lack（欠如）もよさそうですが、〈lack of A〉（A の欠如）の形で使い、不定詞を続ける用法がありません。(B) Concern（懸念）や (D) Attention（注意）では「安全指示に従う」を否定できません。

問題・選択肢
安全指示に従わないと、火災、感電、機器への損害につながることがあります。

(A) Lack　欠如
(B) Concern　懸念
(C) Failure　しないこと
(D) Attention　注意

Q23

Passengers may bring on one item of hand luggage weighing less than 12 kilograms, ------- it does not exceed the maximum size dimensions.

(A) provided that
(B) after
(C) until
(D) however

Q24

The two founders of Boloton Manufacturing have a relationship based on ------- understanding and respect.

(A) equivalent
(B) mutual
(C) potential
(D) approximate

単語の意味

Q23
□ weigh 他 〜の重さがある
□ exceed 他 〜を超える
□ dimensions 名 寸法

Q24
□ founder 名 創業者
□ relationship 名 関係

Q23 正解 (A) 接続詞の選択 ── 難易度 ★★★

ステップ1
空所の位置は ------ it does not exceed the maximum size dimensions で、後ろに文が続いているので、接続詞が必要です。まず、副詞の (D) however を外せます。

ステップ2
文意はカンマまでの前半が「乗客は12キロ未満の手荷物を1つ持ち込むことができる」、空所以下の後半が「それが寸法の上限を超えない」。

ステップ3
「時」か「条件」を示す接続詞が必要で、選択肢には条件を表す **(A) provided that（〜という条件で）** があるので、これを選びます。時の前後関係を示す (B) after や、継続を表す (C) until では前後をつなぐことができません。

問題・選択肢
乗客は、それが寸法の上限を超えないという条件で、12キロ未満の手荷物を1つ持ち込むことができる。

(A) provided that　接続詞（〜という条件で）　(B) after　接続詞（〜の後で）
(C) until　接続詞（〜までずっと）　　　　　　(D) however　副詞（しかしながら）

Q24 正解 (B) 形容詞の選択 ── 難易度 ★★☆

ステップ1
空所の位置は a relationship based on ------ understanding and respect となっています。「〜な理解と尊敬に基づいた関係」です。主語が「2人の創業者」であることもヒントになります。

ステップ2
「2人の創業者がどんな理解と尊敬に基づく関係をもっているか」を考えます。

ステップ3
選択肢では **(B) mutual（相互の）** がうまく当てはまります。**mutual の後には心の状態や行動がくることが多いです**。(A) equivalent は「同等の」の意味で、2つの数値・状況などが一致するときに使います。(C) potential（潜在的な）や (D) approximate（おおよその）も「理解と尊敬」とうまく結びつきません。

問題・選択肢
ボロトン・マニュファクチャリングの2人の創業者は、相互の理解と尊敬に基づく関係を維持している。

(A) equivalent　同等の　　　　　(B) mutual　相互の
(C) potential　潜在的な　　　　　(D) approximate　おおよその

Q25

Jepson Incorporated's reasonably priced household goods make other companies' offerings appear overly expensive in -------.

(A) compare
(B) comparing
(C) comparison
(D) comparable

Q26

These are the items from the spring and summer collections, while the next seasonal ------- will be posted in late July.

(A) those
(B) ones
(C) others
(D) which

単語の意味

Q25
□ reasonably 副 手頃に
□ household 形 家庭用の
□ overly 副 極端に

Q26
□ post 他 掲載する

Q25 正解 (C)　品詞の識別（名詞）　　　　　　　　　難易度 ★★☆

ステップ1
この文は一見複雑な構造に見えますが、述語動詞が make であることに気づけば〈S V O C〉の第5文型だとわかります。

ステップ2
空所は appear overly expensive in ------ という補語の部分にあります。

ステップ3
in は前置詞なので、後に続く品詞は名詞のみです。選択肢で名詞は (C) comparison で、これが正解です。「比較上、とても高価に見える」となります。in comparison という表現を知っていれば即座に解けるでしょう。
なお、(B) comparing は、動名詞と考えても、in の後で使って意味をなしません。

問題・選択肢
ジェプソン社の手頃な値付けがされた家庭用品は、比較上、他社の格安品をとても高価に見せてしまう。
(A) compare　動詞（原形）　　　　(B) comparing　現在分詞・動名詞
(C) comparison　名詞　　　　　　(D) comparable　形容詞

Q26 正解 (B)　不定代名詞　　　　　　　　　　　　難易度 ★★☆

ステップ1
この問題は2つの文から成っていますが、接続詞の while がすでにあり、接続機能をもつ関係代名詞は必要ありません。まず、(D) which を外せます。

ステップ2
空所の位置は the next seasonal ------ will be posted で、形容詞の seasonal に続く要素です。意味は「次の季節の〜」。対して、前文の the items from the spring and summer collections は「春・夏コレクションの商品」で両者は対応関係にあります。つまり、前半の collections が代名詞となって空所に入るわけです。

ステップ3
前の名詞と同じものを代名詞に置き換えるときには one を使い、ここでは collections が複数なので ones となります。(B) が正解です。(C) others は「別のもの」となり、文意に合わず、またこの不定代名詞は単独で使います。(A) those も不定代名詞としては単独で使います。

問題・選択肢
これらは春・夏コレクションの商品で、次の季節のものは7月下旬に掲載されます。
(A) those　不定代名詞・指示代名詞　　(B) ones　不定代名詞
(C) others　不定代名詞　　　　　　　(D) which　関係代名詞

Q27

------- the low turnout at this year's event, the festival organizers are considering moving to a smaller venue next year.

(A) Because
(B) In fact
(C) In place of
(D) Owing to

Q28

Despite ------- with features, the app is easy to navigate with simple swipe control.

(A) pack
(B) packing
(C) having packed
(D) being packed

単語の意味

Q27
□ turnout 名参加者
□ venue 名会場；開催場所

Q28
□ feature 名機能
□ navigate 自操作する

Q27 正解(D) イディオムの選択 ── 難易度 ★☆☆

ステップ1

空所の位置は ------ the low turnout at this year's event, になっていて、空所には名詞が続いています。前置詞しか入る余地はないので、まず接続詞の (A) Because を外せます。(B) In fact は文頭で使いますが、独立して使うので、後ろに名詞を従えることができません。これも不可です。

ステップ2

次に文意を考えると、カンマまでが「今年のイベントの少ない参加者」、カンマの後は「フェスティバルの開催者は来年はもっと狭い会場に移ることを考えている」。

ステップ3

前半が後半を導く理由になっているので、「理由」を表す (D) Owing to (〜なので) が正解です。(C) In place of は「〜の代わりに」の意味で、代わるべき人・モノを導きます。

問題・選択肢

今年のイベントの参加者は少なかったので、フェスティバルの開催者は来年はもっと狭い会場に移ることを考えている。

(A) Because 〜なので (B) In fact 事実
(C) In place of 〜の代わりに (D) Owing to 〜なので

Q28 正解(D) 動詞の形(受け身の動名詞) ── 難易度 ★★★

ステップ1

空所はカンマで区切られて独立した部分にあり、Despite ------ with features, と、前置詞の後になっています。この位置に入る動詞の形は動名詞なので、まず原形の (A) pack を外せます。

ステップ2

動詞 pack は「詰める」という意味です。この文の主語は app (アプリ) なので、それに features (機能) は「詰められる」という関係です。

ステップ3

動名詞は受動態でなければならないので、(D) being packed が正解になります。

問題・選択肢

さまざまな機能が詰め込まれているが、このアプリは単純なスワイプ操作で簡単に使える。

(A) pack 原形 (B) packing 動名詞
(C) having packed having+過去分詞 (D) being packed being+過去分詞

Q29

The lecture was informative for ordinary diners ------- wine lovers who wanted to know about the winery industry in France.

(A) more than
(B) with
(C) as well as
(D) similar to

Q30

July is the peak tourist season on Matecla Island, so visitors should plan ------- and book their travel and accommodations early.

(A) surely
(B) often
(C) possibly
(D) accordingly

単語の意味

Q29
□ informative 形 役に立つ
□ ordinary 形 ふつうの

Q30
□ accommodations 名 ホテル；宿泊施設

Q29　正解 (C)　イディオムの選択　　　　　　　　難易度 ★★☆

ステップ1
空所の位置は for ordinary diners ------ wine lovers です。

ステップ2
ordinary diners は「ふつうの食事客」、wine lovers は「ワイン愛好家」なので、この両者の関係を表す表現が空所に入ると考えられます。

ステップ3
(C) as well as（〜と同様に）を入れると、両者の対等の関係を表せて、「そのレクチャーはワイン愛好家と同様にふつうの食事客にも役立った」と適切な文になります。 (A) more than で比較をするなら、more informative for A than for B の形にする必要があります。(B) with は単独では前後をうまくつなぐことができません。(D) similar to では、「ワイン愛好家と同じようなふつうの食事客」となり、意味が通りません。

問題・選択肢
そのレクチャーは、フランスのワイン醸造業界について知りたいワイン愛好家と同様にふつうの食事客にも役立つものだった。

(A) more than　〜よりも多く　　　(B) with　〜と共に
(C) as well as　〜と同様に　　　　(D) similar to　〜と同じような

Q30　正解 (D)　副詞の選択　　　　　　　　　　難易度 ★★★

ステップ1
空所の位置は so visitors should plan ------ で、空所は plan にかかるので、計画の立て方がどんなふうかを考えます。

ステップ2
カンマまでの意味は「7月はマテクラ島の旅行の最盛期だ」、空所の後は「旅行とホテルを早めに予約（すべきだ）」です。

ステップ3
空所に (D) accordingly（それに合わせて）を入れると、「旅行の最盛期なので」→「それに合わせて計画し」→「早めに予約すべきだ」という流れを作れます。
(A) surely（きっと）は「結果の確実性」を予測するのに使い、この文脈には不適です。(B) often（しばしば）では文意が通らず、動詞の前で使うので位置も不可。(C) possibly（もしかすると）は、この文脈では意味をなしません。

問題・選択肢
7月はマテクラ島の旅行の最盛期なので、訪問客はそれに合わせて計画を立て、旅行とホテルを早めに予約すべきだ。

(A) surely　きっと　　　　　　　(B) often　しばしば
(C) possibly　もしかすると　　　(D) accordingly　それに合わせて

TARGET 600

DAY 8

実戦練習 No.3

30問

 解答時間
600点目標: **15分**
高得点目標: **10分**

✓「実戦練習」では、Part 5 に出る全種の問題をランダムに出題しています。本番の Part 5 を解くつもりで、時間も意識しながら解答してみましょう。

✓ 問題を解いたら、解説を読んでしっかり理解しておきましょう。また、日をおいて、2回、3回とトライしてみましょう。

Q1

Sakai Computer School ------- a variety of classes including programming, Web designing and creating apps.

(A) permits
(B) works
(C) adopts
(D) offers

Ⓐ Ⓑ Ⓒ Ⓓ

Q2

Most reviews of Halifax Hotel say that its rooms are comfortably furnished and well taken ------- of.

(A) part
(B) care
(C) support
(D) advantage

Ⓐ Ⓑ Ⓒ Ⓓ

単語の意味

Q1
□ a variety of　さまざまな〜

Q2
□ furnished　形 部屋が整えられた；家具が配置された

Q1　正解 (D)　動詞の選択　　　　　　　　　　　　　　　難易度 ★☆☆

ステップ1
空所には述語動詞が入り、「サカイ・コンピューター・スクールは、プログラミングやウェブデザイン、アプリ制作を含むさまざまなクラスを〜」となります。

ステップ2
「学校がさまざまなクラスをどうするか」を考えます。

ステップ3
(D) offers（提供する）が最適です。 他の選択肢では、学校とクラスをうまく結びつけることができません。

問題・選択肢
サカイ・コンピューター・スクールは、プログラミングやウェブデザイン、アプリ制作を含むさまざまなクラスを提供する。

(A) permits　許可する
(B) works　働く；受けもつ
(C) adopts　採用する
(D) offers　提供する

Q2　正解 (B)　名詞の選択　　　　　　　　　　　　　　　難易度 ★★☆

ステップ1
空所は that 節の中にあり、well taken ------ of となっていますが、これは前出の are から続いていて、実際は (are) well taken ------ of であることを押さえましょう。and を挟んで comfortably furnished と並べられた表現です。

ステップ2
comfortably furnished が「部屋は快適に整えられて」なので、**well taken ------ of** もこれに似通った表現であるはずです。

ステップ3
(B) care を入れれば、「よく管理されて」となり、文意が通ります。**take care of** の受け身の形です。(D) advantage は take advantage of で使いますが、「(機会や状況を) 利用する」の意味で、ここでは文脈に合いません。(A) part や (C) support には〈take 〜 of〉の用法がありません。

問題・選択肢
ハリファックス・ホテルについての多くの評価は、部屋は快適に整えられ、よく管理されていると述べている。

(A) part　部分
(B) care　管理；注意
(C) support　支持
(D) advantage　優位

Q3

All household appliances at the ElectricMart outlets come ------- a three- to five-year warranty.

(A) to
(B) for
(C) with
(D) out of

Q4

Miniature Wonderland's model train series led ------- to become one of the most successful toy makers.

(A) it
(B) them
(C) us
(D) those

単語の意味

Q3
□ household appliance　家電製品
□ warranty　名 保証

Q3　正解 (C)　前置詞の選択　　　　　　　　　　　　　　難易度 ★☆☆

ステップ1
空所の位置は come ------ a three- to five-year warranty で、ここに入るべき前置詞を選ぶ問題です。

ステップ2
主語は「エレクトリックマートの店のすべての家電製品」なので、「3年から5年の保証」は家電製品に付いてくるものです。

ステップ3
(C) with を選んで come with とすれば、「3年から5年の保証が付いてくる」となり、文意が通ります。 他の前置詞も come とは結びつきますが、この文脈では意味をなしません。

問題・選択肢
エレクトリックマートの店のすべての家電製品は、3年から5年の保証が付いてくる。

(A) to　～に　　　　　　　　　　　　(B) for　～のために
(C) with　～と共に　　　　　　　　　(D) out of　～から

Q4　正解 (A)　代名詞 (it)　　　　　　　　　　　　　　　難易度 ★★☆

ステップ1
代名詞を選ぶ問題です。空所は動詞 led の目的語の位置にあり、to 以下につながっています。

ステップ2
lead は「導く」の意味で、「ミニアチャー・ワンダーランドの列車模型のシリーズが～を最も成功したおもちゃメーカーの1つに導いた」が文意となります。

ステップ3
つまり、「空所」＝「おもちゃメーカーの一1つ」です。これを念頭に、空所の代名詞が受ける名詞を前のほうに探すと Miniature Wonderland という会社が適当です。これを受けるのは (A) it です。

問題・選択肢
ミニアチャー・ワンダーランドの列車模型のシリーズは、それを最も成功したおもちゃメーカーの1つにした。

(A) it　それを　　　　　　　　　　　(B) them　それらを
(C) us　私たちを　　　　　　　　　　(D) those　それらを

Q5

Unishop ------- can deliver items within 48 hours of an order being placed on its online store.

(A) typical
(B) typically
(C) typifies
(D) typified

Q6

------- in 2003 by visionary Leonardo Alessi, Amarfi Coast Inc. has long been a household name across Europe.

(A) Founding
(B) Founded
(C) Having founded
(D) To be founded

単語の意味

Q5
□ place an order　注文する

Q6
□ visionary
　形 先覚者である；ビジョンのある
□ household　形 よく知られた

Q5 正解 (B)　品詞の識別（副詞）——————— 難易度 ★☆☆

ステップ1
この文は、Unishop ------ can deliver items で、空所なしで〈S V O〉をつくります。

ステップ2
よって、空所に入るのは修飾語の要素です。**また、空所は主語の後、助動詞の前にあります。**

ステップ3
これら条件を満たすのは副詞なので、(B) typically（通常；典型的には）が正解になります。

問題・選択肢
ユニショップは通常、オンラインストアで注文を受けてから48時間以内に商品を配送できる。

(A) typical　形容詞　　　　　　　　(B) typically　副詞
(C) typifies　動詞（三単現）　　　　(D) typified　過去・過去分詞

Q6 正解 (B)　動詞の形（過去分詞）——————— 難易度 ★★☆

ステップ1
空所の位置は ------ in 2003 by visionary Leonardo Alessi, で、主文から独立した句の冒頭にあります。動詞の found は「（会社などを）設立する」の意味です。

ステップ2
主語は Amarfi Coast Inc. という会社なので、この会社と found の関係を考えると、会社は（人に）設立されるものなので、found は受け身でないといけません。 能動の形の (A) Founding と (C) Having founded は不適です。

ステップ3
受け身の過去分詞の (B) Founded が正解です。 不定詞の (D) To be founded だと「設立されるために」となり、主文とつながりません。

問題・選択肢
先覚者であるレオナルド・アレッシによって2003年に設立されたアマルフィ・コースト社は、ヨーロッパ中で長らくおなじみの名前である。

(A) Founding　現在分詞
(B) Founded　過去分詞
(C) Having founded　having + 過去分詞
(D) To be founded　不定詞（受動態）

Q7

------- service and hospitality, Royal Palace Hotel is one of the best hotels in town.

(A) According to
(B) In terms of
(C) As far as
(D) In honor of

Q8

Information on how to apply for the Annual Art Competition is ------- at the reception desk of the museum.

(A) receiving
(B) convenient
(C) useful
(D) available

Q7
□ hospitality 名おもてなし

Q8
□ apply for ～に応募する
□ reception desk 受付

Q7 正解 (B)　イディオムの選択　　　　　　　　　　　難易度 ★★☆

ステップ1
空所の位置は ------ service and hospitality, で、この部分が独立した要素になっているので、主文との関係を考えます。

ステップ2
service and hospitality は「サービスとおもてなし」、主文は「ロイヤルパレス・ホテルは街で最高のホテルの1つだ」の意味です。

ステップ3
(B) In terms of を選べば、「サービスとおもてなしの点では」となり、主文にうまくつながります。(A) According to は「〜によれば」の意味で「情報の出所」が続きます。(C) As far as は前置詞として使う場合には「〜まで」の意味で、「場所」が続きます。(D) In honor of は「〜に敬意を表して」の意味で、「敬意の対象」を導きます。

問題・選択肢
サービスとおもてなしの点では、ロイヤルパレス・ホテルは街で最高のホテルの1つだ。

(A) According to　〜によれば　　　(B) In terms of　〜の点では
(C) As far as　〜まで　　　　　　(D) In honor of　〜に敬意を表して

Q8 正解 (D)　形容詞の選択　　　　　　　　　　　難易度 ★★☆

ステップ1
全体の文意は「年次美術コンペへの応募法についての情報は、美術館の受付で〜」です。

ステップ2
「情報が受付でどうなのか」を考えます。

ステップ3
(D) available は「手に入る」の意味で、これが文意にぴったりです。
(A) receiving は receive（受け取る）を現在分詞にしたもので、ここでは意味をなしません。主語を人にして can receive information のような形なら可能です。(B) convenient（便利な）や (C) useful（役に立つ）は少しまぎらわしいですが、どちらも「手に入る」の意味を出せません。

問題・選択肢
年次美術コンペへの応募法についての情報は、美術館の受付で手に入ります。

(A) receiving　受け取る　　　　　(B) convenient　便利な
(C) useful　役に立つ　　　　　　(D) available　手に入る

Q9

Mira Jones's résumé was ------- enough that she was called in for an interview.

(A) impress
(B) impression
(C) impressive
(D) impressed

Q10

The contract with TK Transport ------- if its upgraded distribution center can meet our needs.

(A) had been renewed
(B) will be renewed
(C) would renew
(D) has been renewing

Q9
□ résumé 名履歴書
□ call in ～を招く；～を呼ぶ

Q10
□ distribution 名配送

Q9 正解 (C) 品詞の識別（形容詞） ―――― 難易度 ★★☆

ステップ1
空所の位置は Mira Jones's résumé was ------- enough です。enough は「十分なほど」という意味の副詞で、that 以下は「面接に呼ばれるのに十分なほど」と enough にかかっています。

ステップ2
空所に入るのは形容詞（分詞を含む）の要素なので、動詞原形の (A) impress と名詞の (B) impression をまず外せます。

ステップ3
形容詞の **(C) impressive** は「印象的な」の意味で、これを選べば文意が通ります。過去分詞の (D) impressed は、動詞 impress が「印象を与える」の意味なので、「印象を与えられた」→「感銘を受けた；感動した」となり、主語は人でないといけません。ここでは主語は résumé（履歴書）なので不可です。

問題・選択肢
ミラ・ジョーンズの履歴書は、面接に呼ばれるのに十分なほど印象的だった。
(A) impress　動詞（原形）　　　　(B) impression　名詞
(C) impressive　形容詞　　　　　(D) impressed　過去分詞

Q10 正解 (B) 動詞の形（現在の条件） ―――― 難易度 ★★☆

ステップ1
if 節に対応する主節の述語動詞を選ぶ問題です。

ステップ2
動詞の renew は「更新する」という他動詞で、主語は contract（契約書）なので、「更新される」という関係です。受動態であることが条件なので、能動態の (C) would renew と (D) has been renewing をまず外せます。

ステップ3
if 節は「もし刷新される配送センターが我々のニーズに合うなら」と満たされるべき条件を示していて、主節はこれからのことを表さないといけません。ここから未来形の **(B) will be renewed** が正解で、過去完了形の (A) had been renewed は誤りです。

問題・選択肢
もし刷新される配送センターが我々のニーズに合うなら、TK運送との契約は更新されるだろう。
(A) had been renewed　過去完了（受動態）　(B) will be renewed　未来形（受動態）
(C) would renew　助動詞＋動詞　　　　　　(D) has been renewing　現在完了進行形

Q11

Bereno Leather Goods' ------- quality has been recognized as the best in the industry for more than forty years.

(A) manufacturing
(B) manufacturers
(C) manufactured
(D) manufactures

Ⓐ Ⓑ Ⓒ Ⓓ

Q12

------- one of the small-sized component suppliers, XTC Corp. has now become a leading computer maker in the country.

(A) Especially
(B) Actually
(C) Formerly
(D) Almost

Ⓐ Ⓑ Ⓒ Ⓓ

単語の意味

Q11
□ recognize 他 認める

Q12
□ component 名 部品
□ supplier 名 供給業者

Q11　正解 (A)　品詞の識別（現在分詞）　　　　　難易度 ★★☆

ステップ1
文構造を見ると、has been recognized とすでに述語動詞があり、Bereno Leather Goods' ------ quality が主語になることがわかります。つまり、空所に入るのは次の名詞の quality を修飾できる言葉です。まず動詞の (D) manufactures（製造する）を外せます。

ステップ2
また、名詞の (B) manufacturers（製造業者）も quality にうまくつながらず、これも不適です。

ステップ3
残るは現在分詞か過去分詞かですが、**Bereno Leather Goods の「製造する品質」が「業界一と認められた」とするのが適切です。現在分詞の (A) manufacturing が正解となります。**

問題・選択肢
ベレノ・レザーグッズの製造品質は、40年以上にわたり業界一と認められてきた。
(A) manufacturing　現在分詞　　(B) manufacturers　名詞
(C) manufactured　過去分詞　　(D) manufactures　動詞（三単現）

Q12　正解 (C)　副詞の選択　　　　　　　　　　難易度 ★★☆

ステップ1
空所の位置は ------ one of the small-sized component suppliers, と冒頭部分にあり、この部分の意味は「小規模の部品供給業者の1つ」で、XTC Corp. にかかる同格の要素です。

ステップ2
カンマの後は「XTC社は今では、その国の主要なコンピューターメーカーになっている」の文意です。

ステップ3
前半と後半は対照的な内容です。(C) Formerly（以前は）を入れれば「以前は小規模な会社」のXTC社が「今では主要なコンピューターメーカーだ」となり、前後がうまくつながります。 他の選択肢の副詞では、この対照的な内容をつなぐことができません。

問題・選択肢
以前は小規模な部品供給業者の1つだったXTC社は今では、その国の主要なコンピューターメーカーになっている。
(A) Especially　特に　　　　　(B) Actually　実は
(C) Formerly　以前は　　　　　(D) Almost　ほとんど

Q13

During the CEO's annual leave, Carlos Ayala has ------- to approve of all matters related to ongoing projects.

(A) permit
(B) authority
(C) way
(D) method

Q14

Director Lee's investment plan is ------- because it could cause a huge financial burden to the struggling company.

(A) achievable
(B) remarkable
(C) affordable
(D) questionable

単語の意味

Q13
□ annual leave　年次休暇
□ ongoing　形 進行中の

Q14
□ burden　名 負担
□ struggling　形 経営不振の

Q13　正解 (B)　名詞の選択　　　　　　　　　　　難易度 ★★★

ステップ1
文意は「CEOが年次休暇を取っている間、カルロス・アヤラは進行中のプロジェクトに関するすべての事案を承認する〜をもっている」です。

ステップ2
空所は、CEOの休暇中にアヤラさんに委譲されるものと考えられます。

ステップ3
(B) authority（権限）が文脈に合うので、これが正解です。不可算名詞で使うので、無冠詞でOKです。
(A) permit は「許可証」の意味で、会社の仕事に許可証が必要とは思えません。
(C) way（やり方；方法）や (D) method（手段；方法）では文脈に合いません。なお、これら3語はここに挙げた意味では可算名詞で使うので、a も必要です。

問題・選択肢
CEOが年次休暇を取っている間、カルロス・アヤラは進行中のプロジェクトに関するすべての事案を承認する権限をもっている。

(A) permit　許可証
(B) authority　権限
(C) way　やり方；方法
(D) method　手段；方法

Q14　正解 (D)　形容詞の選択　　　　　　　　　　難易度 ★★☆

ステップ1
空所の位置は Director Lee's investment plan is ------ で、「リー取締役の投資計画は〜である」の意味です。

ステップ2
because 以下の文意は「それが経営不振の会社に大きな財務負担をかけそうだという理由で」なので、リー取締役の投資計画はネガティブに見られていることがわかります。

ステップ3
選択肢でネガティブな形容詞は (D) questionable（疑問である）のみで、これが正解になります。

問題・選択肢
リー取締役の投資計画は、それが経営不振の会社に大きな財務負担をかけそうだという理由で疑問視されている。

(A) achievable　実現可能な
(B) remarkable　際だった
(C) affordable　手頃な価格の
(D) questionable　疑問である

Q15

The local government-backed ------- launched a citywide campaign to clean riverbanks and lakesides.

- (A) organic
- (B) organize
- (C) organizing
- (D) organization

Ⓐ Ⓑ Ⓒ Ⓓ

Q16

Sacred Sophia Cathedral, ------- was built in the 13th century, is now a popular sightseeing spot in the city.

- (A) that
- (B) which
- (C) it
- (D) who

Ⓐ Ⓑ Ⓒ Ⓓ

単語の意味

Q15
☐ citywide 形 市をあげての
☐ riverbank 名 川縁

Q16
☐ sightseeing 名 観光

Q15　正解 (D)　品詞の識別（名詞） ── 難易度 ★☆☆

ステップ1
空所の位置は The local government-backed ------ launched a citywide campaign で、述語動詞 launched の前で、直前が government-backed と形容詞なので、主語となる名詞が入ると考えられます。まず形容詞の (A) organic と動詞原形の (B) organize を外せます。

ステップ2
文意を考えると、「地方政府が後援するその〜は、川縁と湖畔を清掃する市全域のキャンペーンを始めた」です。

ステップ3
(D) organization を選べば「地方政府が後援するその団体」となり、文意が通ります。 動名詞と考えた場合の (C) organizing は「組織すること」で、これは government-backed とも launched 以下ともうまくつながりません。

問題・選択肢
地方政府が後援するその団体は、川縁と湖畔を清掃する市全域のキャンペーンを始めた。

(A) organic　形容詞　　　　　　　　(B) organize　動詞（原形）
(C) organizing　現在分詞・動名詞　　(D) organization　名詞

Q16　正解 (B)　関係代名詞（非制限用法） ── 難易度 ★★☆

ステップ1
選択肢には関係代名詞と代名詞が混在します。空所の位置は , ------ was built in the 13th century, で、前後をカンマで囲まれた挿入節になっています。この文には主語の要素が欠けていて、また前の名詞と接続する言葉もないので、主格の関係代名詞が入ると考えられます。まず、ふつうの代名詞の (C) it を外せます。

ステップ2
空所の先行詞は Sacred Sophia Cathedral で、人ではなくモノです。ここから、人を先行詞とする (D) who を外せます。

ステップ3
この問題を解く最大のポイントは挿入節である点です。関係代名詞をカンマで区切られた文に使うことを「非制限用法」と言いますが、(A) that は非制限用法には使えないのです。したがって、残るは (B) which となり、これが正解です。

問題・選択肢
13世紀に建てられた聖ソフィア聖堂は今では、その市の人気の観光スポットだ。

(A) that　関係代名詞　　　　　　　(B) which　関係代名詞（モノ）
(C) it　代名詞　　　　　　　　　　(D) who　関係代名詞（人）

Q17

The government ------- that all businesses pay an incorporation tax is waived for non-profit organizations.

   (A) require
   (B) requires
   (C) requiring
   (D) requirement

Q18

The online promotion seminar ------- scheduled for June 30 has been moved to July 7.

   (A) exactly
   (B) originally
   (C) frequently
   (D) in advance

単語の意味

Q17
□ incorporation tax　法人税
□ waive　他 免除する
□ non-profit organization　非営利団体

Q17　正解 (D)　品詞の識別（名詞）　　　　　　　　難易度 ★★☆

ステップ1
この文は is waived が述語動詞で、The government 〜 tax が長い主語になっています。述語動詞は重複して必要ないので、まず動詞の (A) と (B) を外せます。

ステップ2
(C) については、requiring を現在分詞とすれば The government が主語となり、「政府が免除される」とおかしな文になります。また、動名詞ではこの位置に置けません。

ステップ3
空所には **(D) requirement** を入れて、**The government requirement**（政府の要件）を主語にすると適切な文になります。

問題・選択肢
すべての企業が法人税を支払うという政府の要件は、非営利団体には免除されている。
(A) require　　動詞（原形）　　　　　(B) requires　　動詞（三単現）
(C) requiring　　現在分詞・動名詞　　(D) requirement　　名詞

Q18　正解 (B)　副詞の選択　　　　　　　　　　　　難易度 ★★☆

ステップ1
文意は「〜6月30日に予定されていたオンライン販売促進のセミナーは7月7日に移動になった」です。

ステップ2
日程が延期された「6月30日のセミナーがどのように予定されていたか」を考えます。

ステップ3
(B) originally を選んで、「もともと6月30日に予定されていた」とすると文意が通ります。 (A) exactly（正確に）では、延期されたという事実にうまくつながりません。(C) frequently（頻繁に）は1回かぎりの予定には使えません。(D) in advance は「本来の予定よりも早く」の意味で、文意に合いません。また、複数語なので scheduled の後ろに置かないといけません。

問題・選択肢
元々は6月30日に予定されていたオンラインの販売促進セミナーは7月7日に移動になった。
(A) exactly　　正確に　　　　　　　(B) originally　　元々は
(C) frequently　　頻繁に　　　　　　(D) in advance　　前もって

Q19

Attendees who register for the conference by April 30 will be ------- for an early-bird discount on the registration fee.

(A) confidential
(B) eligible
(C) capable
(D) receptive

Q20

Updated information on the city's sightseeing spots and accommodations is available online for ------- who might be interested.

(A) you
(B) them
(C) some
(D) anyone

単語の意味

Q19
□ register for ～に登録する
□ early-bird 形 早割の

Q20
□ accommodations 名 宿泊施設

Q19　正解 (B)　形容詞の選択　——————　難易度 ★★★

ステップ1
主語は「4月30日までに会議に登録する出席者」で、空所の後は「登録料の早割り」です。

ステップ2
「出席者が早割りを受けられる」という流れが想定できます。

ステップ3
(B) eligible（権利・資格がある）が意味的にぴったりで、前置詞も **for** を使います。なお、後ろに動詞を続ける場合には〈be eligible to do〉の形をとります。(A) confidential（守秘義務のある）や (D) receptive（ものわかりのよい）では意味をなしません。(C) capable（できる）は少しまぎらわしいですが、be capable of の形をとり、また「できる能力・資質がある」のニュアンスなので、この文脈には合いません。

問題・選択肢
4月30日までに会議に登録する出席者は、登録料に早割りを受けられる。
(A) confidential　守秘義務のある　　(B) eligible　権利がある
(C) capable　できる　　(D) receptive　ものわかりのよい

Q20　正解 (D)　不定代名詞　——————　難易度 ★★☆

ステップ1
空所の位置は for ------ who might be interested で、前置詞の for と関係代名詞の who に挟まれています。先行詞としてふさわしい代名詞を選びます。

ステップ2
for までの文意は「市の観光スポットと宿泊施設についての最新の情報はオンラインで利用できる」で、空所はそれに続く部分です。

ステップ3
「関心のあるどんな人が最新の情報を利用するか」を考えると、不定代名詞の **(D) anyone** を選んで、「関心のある人はだれでも」とすると文意が通ります。人称代名詞は通例（強調構文や非制限用法を除く）、関係代名詞の先行詞にはなれないので、(A) you や (B) them は不可です。(C) some だと、「関心のある何人か」となって、この何人かがだれなのか不明のおかしな文になります。

問題・選択肢
市の観光スポットと宿泊施設についての最新の情報は、関心のある人はだれでもオンラインで利用できます。
(A) you　あなた　　(B) them　彼ら
(C) some　何人か　　(D) anyone　だれでも

Q21

The strategic planning committee has ------- approved the expansion plan, but it will be confirmed later.

(A) ultimately
(B) proudly
(C) considerably
(D) tentatively

Q22

Cross-cultural training benefits all Rayenne Corporation employees, ------- they routinely do business internationally or not.

(A) regarding
(B) since
(C) although
(D) whether

単語の意味

Q21
□ expansion 名 拡張
□ confirm 他 確認する

Q22
□ benefit 他 利益をもたらす
□ routinely 副 日常的に

Q21　正解 (D)　副詞の選択　　　　　　　　　　　難易度 ★★☆

ステップ1
文意は「委員会は拡張計画を〜承認したが、後で確認される」です。

ステップ2
「後で確認される」ということは、この拡張計画は最終承認されてはいないわけです。

ステップ3
(D) tentatively（暫定的に）を選べば、この状況をうまく表現できます。(A) ultimately（最終的に）だと、「後で確認される」と矛盾します。(B) proudly（誇らかに）には文脈上の根拠がなく、(C) considerably（かなり）は approved を修飾できません。

問題・選択肢
戦略企画委員会は拡張計画を暫定的に承認したが、後で確認される。
(A) ultimately　最終的に　　　　　(B) proudly　誇らかに
(C) considerably　かなり　　　　　(D) tentatively　暫定的に

Q22　正解 (D)　接続詞の選択　　　　　　　　　　難易度 ★★★

ステップ1
空所の位置は ------ they routinely do business internationally or not となっていて、文が続いているので、空所には接続詞が必要です。前置詞の (A) regarding をまず外せます。

ステップ2
文意は、前半が「異文化研修はレイエン・コーポレーションのすべての社員に有益だ」、後半が「日常的に国際的に仕事をしているかどうか」。**or not（〜しているかどうか）に着目して、肯定・否定両様を導く接続詞が必要と考えられます。**

ステップ3
(D) whether は「〜にかかわりなく」「〜のどちらでも」の意味で使え、この文の前後をうまく接続できます。「理由」を表す (B) since や「逆接」の (C) although では〜 or not の文をうまくつなげません。

問題・選択肢
日常的に国際的に仕事をしているかどうかにかかわりなく、異文化研修はレイエン・コーポレーションのすべての社員に有益だ。
(A) regarding　前置詞（〜に関して）　(B) since　接続詞（〜だから）
(C) although　接続詞（〜だけれども）　(D) whether　接続詞（〜にかかわりなく）

Q23

A number of ------- to Polonia Foods' market research survey said they purchase the company's products at least once per week.

(A) responsive
(B) responsively
(C) responds
(D) respondents

Q24

Specialized dyeing methods ------- the company to produce clothes with unique, vibrant colors.

(A) make
(B) let
(C) enable
(D) create

単語の意味

Q23
□ survey 名アンケート（調査）
□ purchase 他購入する

Q24
□ specialized 形専門化した
□ dye 他染色する
□ vibrant 形輝くような

Q23 正解 (D) 品詞の識別 (名詞) ──────── 難易度 ★★☆

ステップ1
空所の位置は A number of ------- to Polonia Foods' market research survey で、この部分だけで考えればよさそうです。

ステップ2
空所は前置詞の of と、やはり前置詞の to に挟まれています。このパターンには名詞しか当てはまりません。

ステップ3
よって、(D) respondents が正解です。(C) responds は動詞の三単現の形で、不可です。もう一つのアプローチは A number of に着目することです。これは「数多くの〜」という意味で、後ろには必ず複数の名詞が続きます。

問題・選択肢
ポロニア・フーズの市場調査アンケートへの回答者の多くは、この会社の製品を少なくとも週に一度は買うと言った。

(A) responsive　形容詞　　　　　　(B) responsively　副詞
(C) responds　動詞（三単現）　　　(D) respondents　名詞

Q24 正解 (C) 動詞の選択 ──────── 難易度 ★★★

ステップ1
空所は述語動詞の位置にあり、意味的には一見、どれもがよさそうに見えます。

ステップ2
文の構造を見ると、------- the company to produce clothes で、〈V O to do〉の形です。

ステップ3
選択肢の中でこの形をとるのは (C) enable で、〈enable O to do〉で「O が〜することを可能にする」となります。(C) が正解です。(A) make と (B) let は〈V O do〉の形をとります。(D) create は名詞の目的語しかとれません。

問題・選択肢
専門的な染色方法により、その会社は輝くような特別な色彩の服を作ることができる。

(A) make　〜させる　　　　　　(B) let　〜させる
(C) enable　可能にする　　　　(D) create　つくる

Q25

Ping An Mobile is ------- to announce its new series of smartphones, PA09 to be released next week.

(A) excite
(B) exciting
(C) excited
(D) excitement

Ⓐ Ⓑ Ⓒ Ⓓ

Q26

In order to pursue a career in data analysis, ------- with advanced statistics software such as Stratos is a must.

(A) proficiency
(B) preference
(C) relevance
(D) compliance

Ⓐ Ⓑ Ⓒ Ⓓ

単語の意味

Q26
□ pursue a career　仕事をしていく
□ advanced　形 高度な
□ statistics　名 統計

Q25　正解 (C)　品詞の識別（過去分詞）　　　　　　難易度 ★☆☆

ステップ1
空所の位置は Ping An Mobile is ------ to announce its new series of smartphones, で、is の後ろ、不定詞の前です。この位置に動詞の原形がくることはないので、まず (A) excite を外せます。

ステップ2
excite（ワクワクさせる）は現在分詞にすると「ワクワクさせる」、過去分詞にすると「ワクワクさせられる」→「ワクワクする」となります。

ステップ3
Ping An Mobile という会社が主語で、その会社がスマートフォンの新シリーズを発売するのには「ワクワクする」はずです。よって、過去分詞の (C) が正解となります。 名詞の (D) excitement では、Ping An Mobile = excitement（興奮）となり、意味をなしません。

問題・選択肢
ピンアン・モバイルは、スマートフォンの新シリーズPA09が来週発売されるのを発表できることにワクワクしています。
(A) excite　動詞（原形）　　　　　(B) exciting　現在分詞
(C) excited　過去分詞　　　　　　(D) excitement　名詞

Q26　正解 (A)　名詞の選択　　　　　　　　　　　　難易度 ★★★

ステップ1
空所の位置は ------ with advanced statistics software such as Stratos で、「ストラトスのような高度な統計ソフトへの〜」という文脈です。

ステップ2
また、前半から「データ分析の仕事をしていくため」に必要なものです。

ステップ3
(A) proficiency（習熟）を選べば、「統計ソフトへの習熟」となり、文意が通ります。proficiency は後ろに続く言葉が「技能」であれば前置詞は in や at を使いますが、ソフトなどの「ツール」であれば前置詞は with を使います。
(B) の preference は「好み」、(C) relevance は「関連」の意味でどちらも文脈に合いません。(D) compliance（遵守）は前置詞に with を使うので、あわてていると選んでしまうひっかけの選択肢です。

問題・選択肢
データ分析の仕事をしていくためには、ストラトスのような高度な統計ソフトへの習熟が不可欠だ。
(A) proficiency　習熟　　　　　　(B) preference　好み
(C) relevance　関連　　　　　　　(D) compliance　遵守

Q27

Axis Security's monitoring center operates around-the-clock and investigates right away ------- it receives an alert.

- (A) though
- (B) whenever
- (C) since
- (D) following

Q28

Most board members approved of the new investment plan in the nation, although ------- insisted on potential risks.

- (A) he
- (B) other
- (C) one
- (D) another

単語の意味

Q27
□ around-the-clock 副 24時間稼働して
□ investigate 他 調査する
□ alert 名 警告

Q28
□ potential 形 潜在的な

Q27 正解(B) 接続詞の選択 ────────── 難易度 ★★☆

ステップ1
空所の位置は ------ it receives an alert となっていて、次に文が続いています。したがって、前置詞は入りません。(D) following をまず外せます。

ステップ2
文意を考えると、空所の前は「アクシス証券の監視センターは24時間体制で稼働していて、すぐに調査する」、空所の後は「警告を察知する」です。

ステップ3
「時」を表す (B) whenever を選べば、「警告を察知するときはいつでも」となり、文意が通ります。 (A) though は「逆接」なので、「警告を察知したけれども調査する」と意味をなしません。(C) since は「理由」を表し、「警告を察知したので調査する」となりますが、これはある特定の場面を表し一般的な常態を示せず、「24時間体制で稼働していて」と矛盾します。

問題・選択肢
アクシス証券の監視センターは24時間体制で稼働していて、警告を察知したときはいつでもすぐに調査する。

(A) though　接続詞（〜だけれども）　　(B) whenever　接続詞（〜のときはいつでも）
(C) since　接続詞（〜なので）　　　　　(D) following　前置詞（〜に続いて）

Q28 正解(C) 不定代名詞 ────────── 難易度 ★★★

ステップ1
空所の位置は although ------ insisted on potential risks で、「〜が潜在的なリスクを主張したけれども」の意味です。一方、前半の文は「多くの取締役会のメンバーはその国への新しい投資計画を承認した」となっています。

ステップ2
前半の文の「ほとんどの取締役会のメンバー」と、後半の文の主語は逆の行動をとっています。よって、空所には「ほとんどの取締役会のメンバー」と対比できる言葉がくるはずです。

ステップ3
「ほとんどの」と対比的なのは数の少なさを表す不定代名詞の **(C) one** です。(A) he は、前半の文に対応する名詞が存在しません。(B) other は、名詞として使うには the が必要です。(D) another は、だれに対してもう一人なのかが不明です。

問題・選択肢
一人が潜在的なリスクを主張したけれども、ほとんどの取締役会のメンバーはその国への新しい投資計画を承認した。

(A) he　彼　　　　　　　　　　　　(B) other　別（の）
(C) one　一人　　　　　　　　　　　(D) another　もう一人

Q29

Rental customers who return vehicles with less than a full tank ------- a fee.

(A) charge
(B) are charging
(C) have charged
(D) will be charged

Q30

Updating of the accounting system will be complete by this weekend ------- unexpected problems occur.

(A) if
(B) in case
(C) unless
(D) now that

単語の意味

Q29
□ vehicle 名車

Q30
□ accounting 名会計
□ occur 自起きる；発生する

Q29　正解 (D)　動詞の形（受動態） ── 難易度 ★★☆

ステップ1
主語の Rental customers（賃貸客）に who 以下の要素がつながって長い主語になっていますが、この付加要素を外せば、Rental customers ------ a fee. という構造になります。

ステップ2
「賃貸客」は「手数料」を「支払う」という関係です。

ステップ3
動詞 charge は「（料金を）課す」という意味ですから、「賃貸客」の側からすれば「課される」と受け身になります。よって、空所に必要な述語動詞の形は (D) の受動態です。なお、ここで will を使った未来形になっているのは、「賃貸客が車を返却するとき」という未来のことを想定しているからです。
他の選択肢はすべて能動態なので不可です。

問題・選択肢
車を満タンにしないで返却する賃貸客は手数料を課される。
(A) charge　原形
(B) are charging　現在進行形
(C) have charged　現在完了形
(D) will be charged　未来形（受動態）

Q30　正解 (C)　接続詞の選択 ── 難易度 ★★☆

ステップ1
空所の前までは「会計システムの更新は今週末には完了する」、空所の後は「不測の問題が起きる」という意味です。

ステップ2
「不測の問題が起き<u>ない</u>」場合に「今週末には完了する」という流れが予想されます。

ステップ3
空所に「否定の条件」を表す (C) unless（もし～でないなら）を入れれば前後がうまくつながります。(A) if（もし～なら）はただの仮定なので不可です。(B) in case は「～する場合に備えて」という意味で、危機への備えを表し、この文脈には合いません。(D) now that も「今や～なので」と現状に基づく理由を表し、ここでは意味をなしません。

問題・選択肢
不測の問題が起き<u>なければ</u>、会計システムの更新は今週末には完了する。
(A) if　もし～なら
(B) in case　～する場合に備えて
(C) unless　もし～でないなら
(D) now that　今や～なので

覚えておきたいPart 5の必須単語100

本書の問題で使われた単語・表現でPart 5によく出るものをまとめました。テスト直前に目を通しておきましょう。

動詞

- **accommodate** 他 配慮する；収容する
  派 **accommodations** 名 宿泊施設 ······ 223
- **address** 他 (問題などに) 取り組む；話しかける　名 住所 ······ 81
- **apply** 他 適用する　自 応募する (for 〜)
  派 **application** 名 応募 ······ 117
- **cause** 他 引き起こす　名 原因；理由 ······ 157
- **complete** 他 完成させる　形 完全な；終了した ······ 127
- **conduct** 他 実施する；指揮する　名 運営；行為 ······ 189
- **confirm** 他 確認する　派 **confirmation** 名 確認 ······ 187
- **coordinate** 他 調整する　派 **coordination** 名 調整 ······ 83
- **designate** 他 指定する；指名する ······ 165
- **encourage** 他 勧める；推奨する ······ 175
- **ensure** 他 保証する；確実にする ······ 143
- **establish** 他 設立する；築きあげる ······ 25
- **handle** 他 取り扱う　類 **deal with** 〜を取り扱う ······ 211
- **impress** 他 印象づける；感銘を与える
  派 **impressive** 形 印象的な ······ 113
- **organize** 他 手配する；組織する　派 **organization** 名 組織 ······ 83
- **prevent** 他 防ぐ；妨げる (A from doing) ······ 215
- **raise** 他 (資金・資本を) 調達する；(引き) 上げる ······ 79
- **recognize** 他 認める；認識する　派 **recognized** 形 公認の ······ 247
- **refrain** 自 〜を控える (from 〜) ······ 119

- □ **regard** 他 評価する；認める 派 **regarding** 前 〜について ……… 209
- □ **rely** 自 頼る（on/upon 〜）
  派 **reliant** 形 頼る **reliance** 名 依存 ………………………………… 21
- □ **remind** 他 思い出させる；注意喚起する
  派 **reminder** 名 思い出させるもの；注意 ……………………………… 193
- □ **remove** 他 取り除く 派 **removable** 形 着脱できる ……………… 33
- □ **require** 他 必要とする；求める 派 **requirement** 名 要件 ……… 253
- □ **submit** 他 提出する 派 **submission** 名 提出（物）…………………… 23
- □ **substitute** 他（AをBの）代わりに使う（A for B）
  名 代理（品） 形 代理の ………………………………………………… 35
- □ **suit** 他 適している；（条件を）満たす 派 **suitable** 形 適した …… 217
- □ **verify** 他 検証する；立証する ………………………………………… 151
- □ **waive** 他 免除する；放棄する 派 **waiver** 名 免除；放棄 ………… 253

形容詞

- □ **affordable** 形 手頃な価格の 派 **afford** 他 余裕がある ………… 249
- □ **alternative** 形 代わりの 名 代わりのもの ………………………… 209
- □ **complimentary** 形 無料の
  派 **compliment** 名 賛辞 他 ほめる …………………………………… 225
- □ **considerable** 形 かなりの；相当の
  派 **considerably** 副 かなり **considerate** 形 思いやりのある …… 95
- □ **cordial** 形 友好的な；心からの ………………………………………… 93
- □ **efficient** 形 効率的な；有能な ………………………………………… 209
- □ **further** 形 さらなる；追っての ………………………………………… 87
- □ **informative** 形（情報が）有益な 派 **information** 名 情報 …… 231
- □ **multiple** 形 数多くの …………………………………………………… 195
- □ **mutual** 形 相互の ………………………………………………………… 227

覚えておきたい Part 5 の必須単語100

- **potential** 形潜在的な 名潜在能力 …… 227
- **prior** 形前の 類 former 形前の …… 89
- **prospective** 形見込みのある 派 prospect 名見込み …… 13
- **remarkable** 形際だった；注目すべき
  派 remark 名感想；意見 …… 249
- **substantial** 形かなりの；大幅な
  派 substantially 副かなり …… 37
- **thorough** 形徹底した 派 thoroughly 副徹底して …… 95
- **upcoming** 形近く予定されている …… 83

副詞

- **approximately** 副およそ；約
  派 approximate 形およその …… 131
- **consecutively** 副連続して 派 consecutive 形連続した …… 137
- **immediately** 副即座に 派 immediate 形即座の；直属の …… 63
- **regrettably** 副残念ながら 派 regret 他後悔する 名後悔 …… 135
- **tentatively** 副暫定的に 派 tentative 形暫定的な …… 257

名詞

- **agenda** 名議題リスト …… 97
- **admission** 名入場（料） 派 admit 他認める …… 213
- **authority** 名権限 派 authorize 他権限を与える …… 249
- **distribution** 名配送 派 distribute 他配送する …… 77
- **instruction** 名指示；指導
  派 instructor 名指導者 instruct 他指導する …… 225
- **itinerary** 名旅程（表）；（旅行）スケジュール …… 101

- □ **launch** 名発売；着手 他発売する；着手する … 185
- □ **location** 名場所；位置 派**locate** 他見つける；位置づける … 99
- □ **option** 名選択肢
  派**opt** 自選択する **optional** 形自分で選べる … 149
- □ **participant** 名参加者 派**participate in** ～に参加する … 29
- □ **proficiency** 名習熟；技量 派**proficient** 形熟達した … 261
- □ **provider** 名供給者 派**provide** 他提供する … 187
- □ **qualification** 名資格
  派**qualify** 他資格を与える **qualified** 形資格のある … 173
- □ **regulation** 名規則 派**regulate** 他規制する … 15
- □ **renovation** 名改修 派**renovate** 他改修する … 175
- □ **replacement** 名後任；交換品 派**replace** 他取り替える … 61
- □ **respondent** 名回答者 派**renpond to** ～に応じる … 259
- □ **revision** 名訂正 派**revise** 他訂正する … 51
- □ **statement** 名声明；明細書 派**state** 他述べる … 101
- □ **supervisor** 名上司；管理職 派**supervise** 他監督する … 109
- □ **supplier** 名納入[供給]業者 派**supply** 他供給する 名用品 … 175
- □ **warranty** 名保証書 派**warrant** 他保証する … 239

イディオム

- □ **according to** ～によると 派**accordingly** 副それに従って … 243
- □ **based on** ～に基づいて … 201
- □ **be dedicated to** ～に専心している；～に熱心だ … 177
- □ **be eligible for** ～の権利・資格がある … 255
- □ **be entitled to** ～の権利・資格がある … 91
- □ **be liable for** ～に責任がある … 199

覚えておきたい Part 5 の必須単語100

- □ **be responsible for** 〜に責任がある … 91
- □ **because of** 〜のために；〜の理由で … 167
- □ **by means of** 〜を用いて … 165
- □ **comply with** 〜を遵守する 派 **compliance** 名 遵守 … 187
- □ **contrary to** 〜に反して … 201
- □ **even if** たとえ〜でも 類 **even though** たとえ〜でも … 167
- □ **even so** それでも；そうは言っても … 135
- □ **except for** 〜を除いて … 201
- □ **in accordance with** 〜（規則など）に従って … 165
- □ **in charge of** 〜を担当して … 83
- □ **in search of** 〜を求めて … 165
- □ **in spite of** 〜にもかかわらず
  類 **despite** 前 〜にもかかわらず … 167
- □ **in terms of** 〜という点では … 243
- □ **now that** 今や〜なので … 169
- □ **on account of** 〜のために；〜という理由で … 197
- □ **owing to** 〜という理由で … 231
- □ **provided that** 〜という条件で
  類 **providing** 接 〜という条件で … 227
- □ **regardless of** 〜にかかわらず … 197
- □ **sign up for** 〜に登録する 類 **register for** 〜に登録する … 193
- □ **specialize in** 〜を専門とする … 191
- □ **to date** 今までの（ところ） 類 **so far** 今までのところ … 169

● 著者紹介

成重 寿　Hisashi Narishige

三重県出身。一橋大学社会学部卒。英語教育出版社、海外勤務の経験を生かして、TOEICを中心に幅広く執筆・編集活動を行っている。合同会社ペーパードラゴン代表。TOEIC L&R TEST 990点満点。
主要著書:『TOEIC® L&R TEST英単語スピードマスター』、『TOEIC® TEST必ず☆でる単スピードマスター』、『TOEIC® L&R TEST必ず☆でる熟語スピードマスター』、『TOEIC® L&R TEST必ず☆でるフレーズ スピードマスター』、『ゼロからスタート英単語 中級 STANDARD 3000』（以上、Jリサーチ出版）など。

カバーデザイン	中村　聡（Nakamura Book Design）
本文デザイン／DTP	江口うり子（アレピエ）
英文作成・校正協力	CPI Japan
校正協力	巣之内 史規

本書へのご意見・ご感想は下記URLまでお寄せください。
https://www.jresearch.co.jp/contact/

TOEIC® L&R TEST 英文法 TARGET 600

令和2年（2020年）2月10日　初版第1刷発行

著　者　　成重 寿
発行人　　福田富与
発行所　　有限会社　Jリサーチ出版
　　　　　〒166-0002 東京都杉並区高円寺北2-29-14-705
　　　　　電話03(6808)8801(代)　FAX 03(5364)5310
　　　　　編集部03(6808)8806
　　　　　http://www.jresearch.co.jp
印刷所　　㈱シナノ パブリッシング プレス

ISBN978-4-86392-468-0　禁無断転載。なお、乱丁・落丁はお取り替えいたします。
©Hisashi Narishige, 2020 All rights reserved.